# AUTODISCIPLINA

## Autor
## Paolo Marrone

Traducido del italiano por Paloma Garrido Erroz
Revisado por Isabel Fernández Sarria

Título | Autodisciplina
Autor | Paolo Marrone
Segunda edición | Mayo 2020

Título | El monje que no tenía un pasado
Autor | Paolo Marrone
Primera edición | Febrero 2019


Traducido del italiano por Paloma Garrido Erroz
Revisado por Isabel Fernández Sarria

Dedicado a todos aquellos que nunca se cansan de buscar la verdad

# Indice

# Autodisciplina

# El Viaje

*"El viaje es una especie de puerta a través de la cual se sale de la realidad para penetrar en una realidad inexplorada, que parece un sueño"* - Guy de Maupassant

Hacía mucho tiempo que soñaba con visitar Nueva York. Siempre he amado viajar, y en mis anteriores viajes a los Estados Unidos había estado en distintas ciudades como Los Ángeles, Miami, Tampa pero, aparte de una pequeña parada de tránsito en el aeropuerto de John F. Kennedy, Nueva York estaba aún en la lista de las ciudades que deseaba visitar.

En aquel verano decidí regalarme un buen viaje a la Gran Manzana, a la ciudad que nunca duerme... No veía la hora de perderme en las calles de Manhattan, de hacer compras, de admirar la majestuosidad del Empire State Building, de cenar en uno de sus restaurantes más característicos y sugestivos con vistas al puente de Brooklyn.

Me iría sólo. Hacía poco tiempo que había terminado una larga convivencia que había durado diez años, y los últimos tres meses los había pasado recuperando mi vida.

1

Ahora, sólo deseaba perderme en un viaje que me ayudaría a liberar la mente y a recargar las baterías para abrir con renovado entusiasmo un capítulo nuevo de mi existencia. Necesitaba mirar mi vida desde otro punto de vista y la lejanía de los lugares que me eran familiares, seguramente crearía la distancia necesaria   para ver toda aquella historia con nuevos ojos.

En aquel tiempo leía mucho, y desde hacía poco había descubierto una nueva perspectiva con la que afrontar los acontecimientos de mi vida. Gracias a la lectura de diversos autores como Napoleón Hill, Charles F. Haanel, Thomas Troward, finalmente había comprendido que cada uno es el único y sólo responsable de su vida.

La idea de que uno mismo es capaz de determinar su propio destino a través del pensamiento me volvía eufórico por una parte y por otra, me inspiraba algo de terror, porque según las teorías de estos autores, gran parte de la influencia que se ejerce sobre la realidad se produce a nivel inconsciente, por lo tanto, totalmente fuera del propio control.

Lo que mejor entendía era que, por una extraña ley del Universo, las personas que forman parte de nuestra vida representan siempre el reflejo de algún aspecto de nuestro ser. Si cambiamos nuestro interior, el mundo exterior cambia necesariamente. Estaba absolutamente convencido de que mi reciente separación la había provocado yo y que todo lo que estaba sucediendo era la respuesta a algún tipo de transformación interior de mi propio ser. Esta idea, sin embargo, no me confortaba en absoluto considerando la situación que estaba padeciendo.

Reconsiderando el final de la historia desde este punto de vista, sin duda, era cierto que el camino de crecimiento personal y espiritual que había emprendido había sido la causa de todo y que ahora estaba, de alguna manera, demoliendo mi viejo mundo para dejar espacio a algo distinto que reflejase mi nuevo estado interior.

Aunque intuía que era lo que debía suceder, esta idea no me consolaba. Habría preferido que mi inconsciente me hubiera consultado antes de perturbar mi vida de modo tan repentino. Era precisamente la sensación de falta de control la que me desorientaba y, debo admitirlo, incluso me asustaba un poco.

Por lo tanto, consideraba aquel viaje de dos semanas como un valioso lapso de tiempo para la reflexión. Tendría la oportunidad de poner a cero el pasado y comenzar un nuevo recorrido, totalmente renovado, sin más áncoras ni frenos emocionales. Por lo menos, eso esperaba.

La maleta estaba casi preparada. Volví a mirar la lista de las cosas que tenía que llevarme y a falta de algunos productos para el aseo personal que metería en el neceser la mañana siguiente, todo estaba en orden. Decidí llevarme una pequeña grabadora portátil, de esas que se pueden meter en el bolsillo, para tomar notas de voz durante el viaje. No me gusta mucho escribir, por lo tanto, pensé que sería más práctico y rápido grabar pequeñas observaciones para fijar cualquier idea o impresión que me viniera a la cabeza durante mi estancia en Nueva York.

Finalmente, sólo me separaba una noche de ese espléndido viaje y no veía la hora de partir. Tenía el embarque a las 9,50, así que puse el despertador a las 6,30 y me acosté, tan contento como un niño pequeño que se duerme la noche de Reyes saboreando de antemano los regalos que encontrará a su despertar.

——

... un rayo de sol se filtró entre las rendijas de la persiana y me dio en la cara despertándome de mi profundo sueño. Abrí los ojos asombrado de que el despertador aún no hubiese sonado así que miré el reloj, que estaba en la mesilla, para ver si aún podía dormitar algo más antes de levantarme. ¡Dios mío! ¡Descubrí con horror que eran las 9,25! Por algún maldito motivo el despertador no había funcionado.

Miré por seguridad otros relojes que tenía en casa y todos me confirmaron la amarga verdad. Estaba dramáticamente claro que había perdido el avión. Me preparé deprisa y corriendo para ir al aeropuerto y comprobar si existía la posibilidad de tomar otro vuelo. No recuerdo cuánto tiempo tardé en llegar al aeropuerto en coche, pero estoy seguro de que batí cualquier récord preexistente.

Tardé un poco en encontrar la oficina de la compañía de mi vuelo, pero, en cuanto la localicé, entré como un loco y me dirigí a la primera empleada que vi, sin preocuparme de comprobar si era o no mi turno.

Tras un rápido control en el ordenador, la señorita me comunicó la cruda verdad: "Señor, lo siento, pero su tipo de billete no prevé el cambio de vuelo". Exacto, había comprado un "last minute" a un precio de ganga y ahora me daba cuenta de que en vez de ahorrar, pagaría mucho más de lo previsto si decidía tomar otro vuelo con el mismo destino.

"Perdone, pero ¿no existe alguna manera de obtener otro vuelo, aunque sea pagando una pequeña diferencia? Le pregunté, más bien le supliqué, con la vana esperanza de suscitar compasión o al menos, despertar el instinto maternal en el corazón de la joven empleada que tenía enfrente.

"Lo siento, señor, pero como acabo decirle su billete no es convertible, ni reembolsable. La única solución es que compre otro billete, si lo desea" No osaba imaginar el coste del nuevo billete, considerando que en estas situaciones la parte en dificultad y por lo tanto la más débil, es el cliente, al que, normalmente, sacan hasta el último céntimo aprovechando que el precio normal para un vuelo del mismo tipo, en plena temporada veraniega, puede superar los mil euros tranquilamente. La palabra descuento no está contemplada en estos casos.

Insistí diciendo que no podía renunciar al viaje, que desperdiciaría mi periodo vacaciones ya que no podía modificarlo. La respuesta, aunque la pronunció con una sonrisa y con la mayor amabilidad posible, desafortunadamente, fue siempre la misma.

Resignado, estaba dispuesto a usar mi tarjeta de crédito aunque me sangraran con el precio del nuevo billete, cuando de pronto, detrás de mí, oí una voz muy amable que me dijo con sutil acento extranjero: "Si lo desea, quizás yo tenga la solución a su problema"

Me di la vuelta y vi un señor muy distinguido, de unos sesenta años, con rasgos orientales, que había asistido a toda la escena entre la empleada de la compañía aérea y yo.

"Mire - continuó diciendo - yo tengo un billete para el Tíbet, mi país de origen, donde tendría que haber ido junto a mi esposa, para una estancia en un monasterio tibetano. Lamentablemente, hace algunos días, mi esposa se cayó y se rompió una pierna, por lo que nos es imposible partir. He venido para solicitar el reembolso de los billetes, pero me acaban de decir que no es posible obtenerlo tan cerca de la fecha de partida, aunque sí puedo transferir el viaje a otras personas. Comprendo que son unas vacaciones completamente distintas. El Tíbet no es América, pero si desea una experiencia verdaderamente nueva, con mucho gusto le cedo todo el paquete, estancia incluida. No tiene que pagármelo. En vez de desperdiciarlo, prefiero ofrecer esta oportunidad a otra persona y usted, no sé porqué, me inspira simpatía. Mi esposa y yo estaríamos encantados si usted lo aceptase"

¿El Tíbet? ¿Una estancia en un monasterio tibetano? Estaba a punto de agradecerle la oferta pero rechazarla, cuando algo dentro de mí me impidió hacerlo. Recordé haber leído en un artículo que la casualidad no existe y que todo evento surge, siempre y en cualquier caso, por algún motivo válido, aunque en ese momento preciso no se consiga ver.

Reflexioné sobre el hecho de que toda una serie de episodios, aparentemente casuales, me habían llevado a recibir esa oferta. Mi despertador nunca había fallado hasta ese día y la probabilidad de encontrar a un señor en el aeropuerto que me ofreciera como regalo un billete para unas vacaciones en el Tíbet, estancia incluida, era próxima a cero, por no hablar de la pobre señora que se había roto la pierna pocos días antes de emprender el viaje.

En efecto, algún mes antes, viendo un documental en TV, había deseado visitar un día el Tíbet, pero nunca habría pensado que el Universo me tomara la palabra y que urdiera todo ese alboroto para obligarme a partir, tan repentinamente, para un viaje, que sinceramente, no sé si algún día yo hubiera emprendido.

Una vocecita me decía que aceptar la oferta era lo único sensato que podía hacer en aquel momento. No porque fuera gratuita, o por lo menos no sólo por eso. Sentí que no era conveniente llevar la contraria al destino que, por lo que parecía, me quería llevar a toda costa al Tíbet.

La idea de quién sabe qué otras peripecias habrían tenido que afrontar si hubiera decidido continuar mi viaje hacia Nueva York, me hizo estremecer. Por eso acepté la propuesta, agradeciéndole la generosa oferta a aquel señor. Nueva York, al fin y al cabo, podía esperar.

La salida estaba prevista para siete días después, justo el tiempo necesario para solicitar el visado de entrada en China. Mis vacaciones serían de una semana en vez de las dos programadas, pero eso no tenía importancia, me dije. Evidentemente, todo formaba parte de lo que el destino tenía dispuesto para mí. Pensándolo bien, dos semanas enteras de vida austera monjil habrían sido demasiadas para un irrecuperable, perezoso y común ciudadano del mundo occidental.

Mientras esperábamos nuestro turno para cambiar la titularidad de los documentos de viaje, el hombre me explicó que la estancia preveía una semana en estrecho contacto con uno de los más ancianos y sabios monjes del monasterio, cuyas enseñanzas se basaban en antiquísimos conocimientos custodiados durante siglos en el interior de algunos monasterios y revelados sólo a un pequeño círculo de monjes elegidos. Tales enseñanzas, me garantizó, me ayudarían a iniciar la comprensión de la verdadera naturaleza de mi ser. También me dijo que no tenía que preocuparme por el idioma, ya que, desde hacía varios años, algunos monjes, entre ellos mi futuro maestro, habían emprendido el estudio de las lenguas occidentales, por lo que podría comunicarme en inglés sin problema.

Le escuchaba con interés, pero también un poco dudoso, ya que no entendía bien por qué extraño motivo se divulgarían con tal facilidad, enseñanzas tan reservadas, al primer turista extranjero que llegara a aquellos lugares. Me parecía grosero contradecir su tesis, por lo que asentí con la cabeza fingiendo creer sin reservas todo lo que me estaba diciendo. Para mí era más que suficiente saber que iba a descansar, quizás más incluso que en Nueva York y que iba a tener la posibilidad de dedicar tiempo a mis reflexiones personales.

Terminado el papeleo en la agencia, le ofrecí mi mano para agradecerle su obsequio y despedirme de él. Al darme la mano, apretó la mía enérgicamente entre las dos suyas y, mirándome a los ojos, me dijo muy serio que tenía que contarme algo importante sobre mi viaje, que habláramos en un lugar apartado. Todo ello, mientras mantenía mi mano fuertemente apretada. Tengo que decir que me dejó de piedra, incluso algo preocupado por aquella proposición tan imprevista, pero sintiéndome de alguna manera, en deuda con él por el regalo recibido, bajé la cabeza y le sugerí que nos sentáramos a tomar un café en el bar que había enfrente de la agencia.

En el fondo no me parecía peligroso y de todos modos, me sentía tranquilo, ya que me encontraba en el interior de un aeropuerto abarrotado de gente por el periodo veranie-go.

No me dio tiempo a que le preguntara qué era lo que tenía que revelarme tan importante, porque en cuanto nos sentamos, me dijo:

"Existe una antigua profecía cuyos orígenes se pierden en la noche de los tiempos según la cual ha llegado la hora de que los antiguos conocimientos custodiados en algunos monasterios tibetanos se divulguen a todo el mundo occidental, con el fin de facilitar el camino del despertar de la humanidad entera"

"Según la profecía - siguió diciendo - un potente ejército extranjero invadiría el Tíbet causando la masiva devastación de sus monasterios y la fuga de millares de monjes. Todo ello, marcaría, sin duda, el inicio del proceso de difusión del conocimiento. De esta manera, algunos años después de la invasión del Tíbet por parte del ejército chino, mi esposa y yo fuimos entre los primeros en ser elegidos, junto a otros pocos más, para visitar los monasterios que no habían sido devastados y en los que tales conocimientos se conservaban. Hace más de veinte años que vamos periódicamente al Tí-bet para recibir las enseñanzas impartidas por un anciano monje custodio de tan antigua sabiduría. Nadie conoce el verdadero motivo de nuestros viajes, ya que, a los ojos de las autoridades, sólo somos turistas que aman disfrutar de sus vacaciones en aquellos lugares."

No podía creer lo que oía, pero continué escuchando sin interrumpirlo.

"Los que están listos para recibir las enseñanzas - me dijo - son pre-elegidos y "llamados" a través de modalidades que, a los ojos de un profano, parecen totalmente casuales. Pueden ocurrir coincidencias, imprevistos y eventos fortuitos de todo tipo con el único fin de poner a los pre-elegidos en contacto con quien deberá transmitir su enseñanza. Eso es lo que nos ha sucedido también a mi esposa y a mí. No sé con exactitud el motivo por el que yo fui elegido, pero imagino que fue por mis orígenes y, por tanto, por mi conocimiento de la lengua tibetana. En aquel momento, ningún monje hablaba lenguas extranjeras. En un principio, no es posible conocer con certeza el motivo por el que se es escogido. Detrás de todo esto hay una precisa e inescrutable dirección divina, por medio de la cual, la antigua profecía se está cumpliendo con infalible puntualidad y precisión".

La historia, aunque muy fascinante, parecía increíble. ¿Conocimientos que facilitarían el camino del despertar de la humanidad? ¿Y por qué precisamente yo? ¿Qué fundamentos justificarían el haber-sido elegido yo para una tarea tan grande y difícil? Por un instante pensé que quizás sería mejor ir a comprar aquel billete para Nueva York antes de que fuera demasiado tarde. Sin embargo, recordando todo lo que había sucedido, mi escepticismo inicial dejaba lugar poco a poco a un mayor interés por lo que mis oídos estaban escuchando. Si aquel hombre no era un loco, el encadenamiento de todas aquellas extrañas coincidencias que esa mañana me habían conducido hasta él, de repente tenían una explicación plausible, quizás inaceptable en un primer momento para una mente racional como la mía, pero seguramente la única predispuesta a colocar en su sitio cada pieza de ese intrincado puzle.

Efectivamente, ese hombre no me parecía nada loco, sino todo lo contrario, sentía que había algo verdadero y profundo en todo lo que me estaba diciendo. Una de las cosas que advertí mientras escuchaba sus palabras, de hecho, fue la inmensa serenidad y la profunda calma que transmitía con su forma de hablar lenta y reposada. Tuve la sensación de que ese hombre se mantenía distante de todo lo que sucedía a su alrededor, como si viviera en un océano de paz totalmente personal.

En un momento concreto me di cuenta de que, por algún extraño motivo, me había contagiado su serenidad. El nerviosismo de esa mañana, que me envolvía hasta hacía pocos minutos, se había, sencillamente, desvanecido. Ya no me importaba haber perdido la posibilidad de visitar Nueva York y lo más increíble, tenía la absoluta sensación de que era yo el que deseaba con todas sus fuerzas ese viaje al Tíbet.

"El accidente que le ha sucedido a mi esposa - continuó diciendo - es una señal evidente de que nuestro mandato ha llegado a su fin y de que es el momento de pasar el testigo a alguien más joven que nosotros. En cuanto lo vi entrar en aquella agencia, me di cuenta inmediatamente de que era usted la persona adecuada. Sentí dentro de mí un fuerte impulso de proponerle el viaje y al oír que había perdido su vuelo, no tuve más dudas. Estoy convencido de que usted es el elegido y que tomará mi lugar. Siéntase orgulloso de ello, pues conocerá cosas que su mente no osaría ni remotamente imaginar, que le convertirán en una persona distinta y, créame, cambiarán su vida para siempre"

Dicho esto, no me dejó la posibilidad de replicar ya que, tras haberse levantado, se despidió haciendo una leve reverencia con las manos unidas a la altura del pecho, para después alejarse con paso rápido. Se dirigió hacia una escalera mecánica que llevaba al piso inferior y, sin darse la vuelta en ningún momento, desapareció lentamente de mi vista.

Entonces pedí un café y me quedé allí un buen rato, en aquel bar del aeropuerto, meditando sobre lo que acababa de sucederme.

Los días que me separaban del inicio del viaje pasaron verdaderamente deprisa. Para la obtención del visado de entrada en territorio chino, afortunadamente, no tuve obstáculos ni retrasos. Gran parte de mi tiempo lo pasé buscando en Internet todo tipo de noticias, fotos y artículos sobre el Tíbet y su historia. En particular, busqué información relacionada con monasterios tibetanos y con el tipo de vida que se llevaba en su interior.

Mediante algunas lecturas comprendí que ese pueblo, puesto a prueba por la invasión china, intentaba incansablemente mantener intactas sus tradiciones culturales y religiosas, y quería transmitirlas por cualquier medio a las generaciones futuras. Los pocos monasterios budistas que no habían padecido represalias por parte de China constituían uno de los principales lugares donde la tutela de estas antiquísimas tradiciones podía, de alguna manera, quedar asegurada.

Llegó el momento de preparar el equipaje. Por suerte, la temperatura en el altiplano del Tíbet en los primeros meses estivales, no obstante su altitud media de más de 4.000 metros, es bastante templada, por lo que no tuve que meter en la maleta nada distinto de lo que ya había previsto para Nueva York, a excepción de alguna prenda de más abrigo para protegerme de las temperaturas nocturnas, más bajas por la amplitud térmica característica de aquellos lugares. El día de la partida finalmente llegó y, esta vez, la noche anterior, preparé tres despertadores con el fin de evitar el riesgo de perder también este vuelo.

El viaje duró más de veinte horas. Con dos escalas intermedias, el destino final era Lhasa, capital del Tíbet. A mi llegada al aeropuerto, un empleado de la agencia de viajes me estaba esperando mostrando un gran cartel escrito con mi nombre. Tras habernos saludado, me acompañó fuera del aeropuerto, donde aguardaba un monje perteneciente al monasterio al que me dirigía. En ese momento supe que me quedaban otras tres horas de viaje, en una camioneta con bastante mala pinta, a través de los inmensos valles del altiplano, a una altura que iba de los 3.800 a los 4.500 metros.

Yo era el único pasajero de ese viaje y, por lo inseguro y tartamudo del inglés que el conductor demostró como respuesta a alguna de mis preguntas, me quedó claro que ese monje no era uno de los que habían estudiado los idiomas occidentales. Me resigné pensando que charlar con él era algo imposible, por lo que permanecí en silencio admirando la belleza y la peculiaridad de los lugares que estábamos atravesando.

El paisaje que se presentaba ante mis ojos era algo absolutamente inusual y extraordinario para mí. Los caminos que recorríamos cruzaban amplios valles rodeados de cadenas montañosas imponentes. En aquellos lugares todo parecía inmenso. El cielo era de un color azul oscuro y profundo, casi irreal para quien, como yo, estaba acostumbrado a cielos de un tono azul claro y límpido. Incluso el sol parecía mucho más grande y luminoso, pero, probablemente, yo me estaba dejando condicionar por el hecho de que sabía que estaba a más de 4.000 metros de altitud. El aire estaba enrarecido y daba la sensación de ser más "ligero" que el que estamos acostumbrados a respirar en occidente. No sabría encontrar un término más idóneo para describirlo. Al principio, se tiende a hacer respiraciones más cortas y frecuentes para compensar la menor cantidad de oxígeno disponible, pero después de algunas horas, uno se acostumbra y se vuelve algo normal.

En un momento determinado intuí que estábamos llegando al monasterio. Además de que habían transcurrido las tres horas de viaje previstas, el indicio más importante fue que la camioneta acababa de dejar la carretera principal para acceder a un pequeño camino sin asfaltar que trepaba por la montaña, a nuestra derecha. Pensé que una vereda tan llena de baches no podía tener muchos destinos, salvo el que llevara a un monasterio tibetano situado en aquel monte.

Pasé los últimos quince minutos del viaje con el cuello estirado mirando adelante, esperando que apareciera el monasterio, de un momento a otro, a la salida de una de las innumerables curvas que componían ese sendero. Finalmente, mi espera obtuvo su premio. Tras una curva muy cerrada, al final del último tramo de subida de aquel polvoriento camino, se alzaba, enorme e imponente como un gigante de piedra dormido, el monasterio tibetano donde iban a transcurrir mis vacaciones. Era algo distinto a lo que había imaginado. En realidad, no se trataba de un edificio único, sino de un complejo en el interior del cual vivía una ingente multitud de personas que se ocupaban de diferentes tareas.

Tuve la confirmación de lo que había leído días antes de partir. Los monasterios en el Tíbet, en realidad, son verdaderas aldeas donde se concentran muchas personas que contribuyen a cuidarlos en todos sus aspectos. No es sólo un lugar de culto, sino un punto de referencia social y cultural para toda la población que vive en la zona. Por otra parte, pensándolo bien, no podía ser de otra manera considerando las condiciones extremas de aquellos lugares, tanto en término de aislamiento como de clima. La constitución de comunidades sociales alrededor de los centros de culto representaba, quizás, el único modo de garantizar a todo el mundo la satisfacción de las propias necesidades, no sólo espirituales y culturales, sino sobre todo, materiales.

El complejo descansaba en un lado de la montaña. Mirándolo desde abajo se podían entrever distintos edificios situados a lo largo de la ladera, a una altura superior, casi de varias decenas de metros por encima del gran edificio central. Parecía que algunas construcciones estuvieran engarzadas en la roca, dando la impresión literal de que hubieran sido "talladas" en el interior de la pared rocosa. Una obra imponente que dominaba con mastodóntica realeza todo el valle en el que se asomaba la montaña.

La camioneta se estacionó ante el gran portal de entrada e inmediatamente nos encontramos rodeados por un grupo de jóvenes monjes, todos rigurosamente rasurados al cero y vestidos con el típico hábito de color púrpura. No permitieron que llevara mi maleta y con amplias sonrisas y reverencias, me acompañaron con júbilo a la entrada del edificio. En mis innumerables viajes, nunca me habían reservado una acogida tan calurosa.

Cuando entré en el gran edificio que dominaba el conjunto, me encontré en el interior de una inmensa sala con un altísimo techo, sostenido por altas columnas variopintas, con enormes cortinas rojas colgadas desde lo alto. Las paredes de la sala estaban totalmente cubiertas de pinturas que representaban imágenes sagradas, diseñadas con un fondo de colinas verdes y prados en flor. Una gran estatua de Buda en el fondo de la sala, rodeada de decenas de velas e incienso, hacía suponer que era un altar y que el recinto estaba destinado a la oración. Me quedé unos minutos en el centro de aquella enorme sala y miré a mi alrededor, boquiabierto ante tanta belleza que admirar.

De repente, oí una voz que me decía con buena pronunciación inglesa: "Bienvenido a nuestro monasterio. Espero que haya tenido un buen viaje". Me giré en dirección a la voz y ante mí vi un monje que me miraba sonriendo, a la espera de mi respuesta. Fascinado por las maravillas del lugar, no me había dado cuenta de su llegada.

"Por supuesto, muchas gracias por la maravillosa acogida" le contesté devolviéndole la sonrisa. Finalmente oía hablar en inglés y eso me tranquilizó bastante dado que, hasta entonces, exceptuando al empleado del aeropuerto, no había conseguido aún intercambiar dos palabras con ninguna de las personas del lugar. Me explicó que él se ocupaba de la acogida de los nuevos alumnos y que conocía muy bien al matrimonio que me había regalado la estancia. Sentía mucho el accidente que le había ocurrido a la señora.

Cuando traté de hablarle sobre las increíbles circunstancias gracias a las cuales nos habíamos encontrado, me interrumpió con un lacónico "Sucede siempre lo que tiene que suceder". Tuve la sensación de que la evidente rareza de los hechos que le estaba contando no le impresionaban en absoluto y que me había dado una respuesta de cortesía, pronunciada para disfrazar una versión totalmente diferente de lo que había sucedido.

"Tiene que estar muy cansado - me dijo - le acompaño a su habitación. Allí podrá cenar y dormir un buen sueño reparador. Mañana por la mañana estará listo para encontrar al Maestro". Tenía razón, efectivamente, estaba muy cansado, por no decir destrozado.

Aprecié mucho la cortesía con la que me había tratado, dejándome la posibilidad de reposar y quedarme solo. En aquel momento, no me habría gustado encontrar ni hablar con nadie, aunque hubiera sido su Excelencia el Gran Maestro en persona.

La habitación que me habían reservado estaba situada en el piso superior del edificio, en un ala distinta, a la que se llegaba a través de una escalera de piedra empinada. La pequeña puerta de madera de mi habitación daba, junto a otras, a un largo pasillo. Ese debía ser uno de los lugares de descanso del monasterio.

La habitación era pequeña, con una ventana minúscula situada en lo alto de la pared donde estaba la cama. Una simple hendidura hecha en el muro, en la pared lateral, parecía ser el armario en el que podía poner mis cosas. Una silla y una pequeña mesa de madera, en el lado opuesto, completaban el mobiliario. Nada más. El baño, me dijeron que era común y que se encontraba en la última puerta, a la izquierda de aquel largo pasillo. Aquella fue la primera vez, desde que había dejado mi país, que me arrepentí amargamente de no haber comprado aquel billete para Nueva York. Sin embargo, ahora estaba allí y añorar el pasado no tenía ningún sentido.

Nada más entrar en la habitación, el monje me dijo con amabilidad que le entregara todos los relojes y los teléfonos que tuviera. Me hizo observar que los móviles no funcionaban en aquel lugar y que no necesitaría los relojes. Para nada me alegré de tener que separarme de las cosas que tanto amaba, pero lo acepté, sin protestar. En el fondo, me recordé a mí mismo que era inútil quejarse, visto que yo mismo había elegido hacer aquel viaje. Por lo menos, eso prefería creer.

El monje se despidió con una gran sonrisa tras haberme dicho que la hora a la que tenía que despertarme la mañana siguiente, las cinco en punto, y que, en un momento, me iban a traer la cena. Algunos minutos más tarde, de hecho, los dos jóvenes monjes entraron trayendo, el primero, mi maleta y el otro un bol de madera que contenía mi cena. Salieron enseguida haciendo amplias y repetidas reverencias que yo devolví esforzándome en mover la cabeza lo más posible y al unísono de sus movimientos.

Me quedé solo, sentado en el borde de la cama, en aquella minúscula celda de un monasterio tibetano situado en una montaña del Himalaya, a no sé cuántos miles de metros sobre el nivel del mar, a no sé cuántos centenares de kilómetros de la primera aglomeración urbana, preguntándome cuánto tiempo resistiría antes de huir para coger el primer vuelo disponible hacia mi amado país.

# El secreto de la felicidad

*"La verdadera generosidad hacia el futuro consiste en donar todo al presente"* - *Albert Camus*

La noche anterior, antes de dormirme, me pregunté de qué manera me despertarían la mañana siguiente. El insistente tintineo de los timbales que un monje hacía sonar a lo largo del pasillo de la zona de descanso, además de despertarme y llevarme bruscamente a la realidad, me dio la respuesta inequívoca a esa ingenua e inútil pregunta.

Me senté en la cama aún somnoliento y mirando a mi alrededor vi que en la silla de al lado había un hábito color púrpura como los que vestían los jóvenes monjes del monasterio, con una tarjeta bien visible que tenía escrito *"please wear"* ¿Quién sabe cómo había llegado ahí? Juraría no haber oído entrar a nadie en mi habitación durante aquella noche. Había dormido tan profundamente que, estoy seguro de que no me habría despertado ni el mismísimo Abominable Hombre de las Nieves.

Tras haberme lavado y rasurado en el baño común que se hallaba al fondo del pasillo, volví a mi habitación para vestirme y traté de adivinar cómo ponerme el hábito. Podía parecer fácil, pero si nunca lo has hecho, no es nada sencillo saber cuál es la manera correcta. Con la ayuda de la intuición y una buena dosis de suerte, tras algún torpe intento, lo acomodé sobre mi cuerpo lo mejor que pude. Encontré incluso un pequeño bolsillo interior, a la altura del pecho, que utilicé para guardar mi pequeña grabadora, único vestigio de la civilización que me habían permitido tener conmigo.

De esta manera empezaba mi primera jornada de vacaciones, si así se la podía llamar, en aquel monasterio tibetano, con enormes ganas de conocer al Maestro y de recibir, finalmente, sus valiosas enseñanzas. En el fondo, ese era el motivo por el que había ido a parar a aquel rincón perdido del mundo. Di muchas vueltas a esta idea en mi mente mientras bajaba las escaleras que me conducían a la sala principal, probablemente para convencerme de que no podía abandonar aquel lugar, por lo menos, no antes de haber conocido a mi mentor y de haber descubierto los increíbles secretos que tenía que desvelarme.

Nada más entrar, me sorprendió el intenso perfume de los numerosos inciensos que estaban quemando en cada rincón de aquella enorme habitación.

Una decena de monjes estaban sentados sobre cojines color púrpura, formando un círculo alrededor de una alfombra multicolor en cuyo centro había una tetera humeante. Entre ellos, reconocí al monje que la noche anterior me había acogido y acompañado a mi habitación. Encima de un cojín más grande, estaba sentado un monje aparentemente más anciano, el único, entre todos, con una larga barba blanca.

Intuí que aquel monje era el Maestro, de quien todo el mundo me había hablado. Su figura constituía el centro de gravedad de ese concilio, dado que cada monje dirigía constantemente su atención hacia él. En el aire se percibía la enorme autoridad que su persona ejercía, reconocida sin ninguna reserva por todos los monjes presentes.

Enseguida observé que la edad del Maestro no se podía determinar con facilidad. Evidentemente era un hombre muy anciano pero, su piel manchada y arrugada contrastaba notablemente con la vitalidad y energía que irradiaba su mirada. Mirando sus ojos, de hecho, se olvidaba del todo que ese hombre probablemente había superado los noventa años.

Los monjes que estaban más cerca del Maestro hablaban con él, asintiendo con la cabeza, mientras que los demás se limitaban a mirar y a escuchar bebiendo algo - quizás té - en grandes tazas de cerámica multicolor. Todos tenían una expresión tranquila y sonriente, parecida a la que yo había observado en el aeropuerto en el rostro del hombre que me regaló el viaje. Me acerqué lentamente, esperando que alguien se diera cuenta de mi presencia y me hiciera algún gesto que me permitiera saber cómo tenía que comportarme. Intenté escuchar sus palabras, pero el idioma que hablaban era totalmente incomprensible para mí. Me sentí un intruso, alejado años luz de aquel mundo, del que no conocía prácticamente nada y al que sabía que, seguramente, nunca pertenecería.

De repente, obedeciendo a una señal del Maestro, todos los monjes se levantaron y haciéndole cada uno una pequeña reverencia con las manos unidas, se alejaron rápidamente con pequeños pasos. Me quedé inmóvil, a un metro de los cojines que se habían quedado vacíos, sin saber qué hacer. No esperaba quedarme solo en presencia del Maestro y no sé lo qué habría dado por poder llamar a aquellos monjes para que volvieran y se quedaran allí con nosotros. El Maestro enseguida alivió mi vergüenza, ya que levantó los ojos hacia mí y, con una amplia sonrisa, me dio a entender que me sentara sobre el cojín que había frente a él.

Me senté con torpeza, obstaculizado en los movimientos por el largo hábito. No estando acostumbrado a llevar vestimentas tan anchas, me preocupé, una vez agachado sobre el cojín, de tapar cuidadosamente la parte inferior de mi cuerpo para no dejar nada al descubierto. No sabía qué decir ni tampoco sabía si debía ser yo el primero en hablar. Así que empecé con un tímido "Buenos días, Maestro..."

El Maestro no respondió a mis palabras. Permaneció totalmente inmóvil y con los ojos cerrados. Pensé que no me había oído, que quizás habría tenido que repetir mi saludo en voz más alta, sobre todo para salir de tan calamitoso momento. No sabiendo qué hacer, decidí quedarme en silencio y, dado que finalmente había encontrado una posición confortable, me limité a observar, esperando que fuera él quien me dirigiera la palabra.

El Maestro, con los ojos cerrados y una pequeña sonrisa, rompió finalmente el silencio y dijo: *"Siento que tu mente está inquieta. Estás planteándote mil preguntas sobre el porqué estás aquí, sobre cuál debería ser el comportamiento que tendrías que observar y sobre qué deberías hacer para complacerme. Tu mente se agita de manera incontenible, tratando de imaginar cómo los demás podrían verte. Estás a merced de un mundo ilusorio del que tratas de protegerte con una frenética actividad mental, haciendo suposiciones sobre lo que los demás estarán pensando de ti.*

*Cuanto más te inquietas, más se estrechan alrededor de ti las cuerdas imaginarias que te tienen atado. Eres como un pajarillo que se ha quedado atrapado en la red del cazador. Se agita esperando liberarse, pero su continuo batir no hace más que apretar aún más la mallas que lo tienen prisionero. Sin embargo, no te das cuenta de que eres tanto el cazador como el pajarillo y te agitas inútilmente con la esperanza de hacer frente a una situación que tú mismo has creado".*

Me quedé asombrado al oír aquellas palabras. Parecía que el Maestro estuviera leyendo mi pensamiento. Acababa de expresar mis sensaciones mejor de lo que hubiera hecho yo mismo. De hecho, me estaba preocupando exclusivamente de lo que el Maestro y los demás monjes pudieran pensar de mí. Me encontraba torpe con aquel hábito y esto me hacía pensar que mi vergüenza era evidente a sus ojos.

Ese pensamiento estaba royendo mi mente sin cesar desde el primer momento en el que pisé aquella sala.

Por fin, el Maestro abrió los ojos, saliendo de aquel aparente estado de trance a través del cual parecía que estuviera sondeando mi mente:

"*Relájate* - me dijo con una leve sonrisa - *todas las veces que te preocupas por lo que los demás piensan de ti, te vuelves su prisionero. Tu mente crea la situación, y después empieza a combatirla para tratar de salir de ella. Puedes librarte del problema sólo tras haber comprendido que el único problema está en tu mente. Esto es siempre cierto, incluso cuando crees que te hallas en situaciones sin ninguna solución aparente. Tienes la posibilidad de que tus problemas desaparezcan en cualquier momento, simplemente comprendiendo su naturaleza ilusoria, pero sobre todo, siendo consciente de que eres el único artífice*"

"Maestro, perdón - volví a decirle - tiene que comprender que me encuentro en una situación totalmente nueva para mí..."

Enseguida me interrumpió diciendo: "*No tienes que excusarte de nada, porque no existe nada de lo que crees que estás experimentando. Tus excusas demuestran que aún estás dominado por la situación ilusoria creada por tu mente. Baja tus defensas, sal de la ilusión. Tus oídos oyen mis palabras, pero tu mente se niega a comprender su sentido.*"

En ese momento, dejó de hablar y cerró de nuevo los ojos, frunciendo el ceño, como si estuviera sondeando nuevamente mis pensamientos.

"*Necesitas calmar tu mente - continuó diciendo - y encontrar el centro de tu ser antes de poder comprender mis enseñanzas. Ahora, cierra los ojos y haz lo que yo te diga. Concentra toda tu atención en la respiración...*"

Hice lo que el Maestro me indicaba, tratando de quedarme lo más inmóvil posible. Observé que mi respiración era ansiosa y poco profunda, probablemente a causa de la tensión que sentía en aquel momento. Es increíble descubrir que, hasta que no se presta atención al propio cuerpo, éste se comporta de manera mecánica reflejando todas las tensiones emotivas del momento.

"*Respira con la parte baja del tórax - me dijo, hablando lentamente y con un tono de voz baja - disminuye el ritmo y aumenta la profundidad de tu respiración. Párate un instante entre la expiración y la inspiración siguiente. Observa con mucha atención ese breve intervalo sintiendo la vitalidad que impregna tu cuerpo. Siente que estás sentado aquí, en este momento. Siente que estás vivo. Dirige toda tu atención hacia tu ser... Siente que eres y basta.*"

En ese momento dejó de hablar dejándome experimentar lo que me acababa de decir que hiciera. Permanecí con los ojos cerrados, escuchando mis sensaciones interiores, durante un tiempo que no sabría definir.

*"Observa tu cuerpo y tu mente - siguió diciéndome - como si no te pertenecieran. Identifícate con el que observa y no trates de luchar contra tus emociones o tus pensamientos. Deja que todo fluya. Tú crees que puedes tener el control de todo lo que sucede en tu interior, pero toda la energía que usas para tratar de controlar lo que es incontrolable, se vuelve inexorablemente contra ti. Las cosas ocurren y basta. Tu capacidad de elección se traduce solo en la posibilidad de decidir si combatirlas u observarlas..."*

Hizo de nuevo una larga pausa, probablemente para permitirme que relajara mi mente y eliminara cualquier intento de controlarla. Tengo que decir que parecía que funcionaba ya que, mi respiración, poco a poco, se volvía más tranquila y profunda. Entonces empecé a notar una calma mental que, sólo un instante antes, habría creído imposible alcanzar.

*"Ahora estás más tranquilo. Vuelve a abrir los ojos y escucha. Gran parte de tu vida has experimentado la inutilidad de resistir ante tus pensamientos y emociones. Incluso has experimentado lo inútil que es tratar de llevar a cabo cualquier tipo de control, pero la escasa atención que prestas a tu realidad nunca te ha permitido aprender la lección de todo ello. Aun siendo evidente el fracaso de esta absurda postura, siempre has rechazado con obstinación reconocer esta verdad.*

*Aquí está la llave de la existencia. Te estoy revelando uno de los conceptos fundamentales que tienes que tener siempre en cuenta."*

Lo que me dijo, me dejó asombrado considerando que estaba poniendo en duda, de un sólo golpe, el castillo de creencias en el que había basado toda mi existencia. Por lo que no pude evitar decirle: "Maestro, es difícil quedarse impasible ante las vicisitudes de la vida. Los pensamientos y las emociones son nada más que el efecto normal inducido en la mente por los eventos que vivimos. Es normal estar tristes si nos sucede algo desagradable o inquietos si nos encontramos en una situación que no sea confortable".

El Maestro, al oír mis palabras se quedó impasible y me miró directamente a los ojos, permaneciendo en silencio durante algunos interminables segundos. Pensé que, probablemente, no habría tenido que interrumpirlo con mis estúpidas objeciones. Había ido allí para aprender y ese silencio ensordecedor que hacía de fondo a su mirada penetrante, probablemente tenía el propósito de recordármelo.

Seguidamente, tras haber percibido mi perplejidad, con tono calmo y cariñoso me tranquilizó diciendo: "*Comprendo tu dificultad para comprender lo que estoy diciendo e incluso puedo entender tu malestar cuando no respondo inmediatamente a tus objeciones. No tienes que interpretar mis pausas como una forma de descontento respecto a tus palabras ni como una forma de juicio. Se trata, por el contrario, de un instrumento que sirve para controlar la parte mecánica del propio ser.*

*Aprenderás que la mente, identificada con el ego, quiere, a toda costa, tener razón y lo hace en modo compulsivo, no controlado. Un ser que no se identifica con la propia mente no ha aprendido a estar presente ni a observar las reacciones del ego que, sin embargo, querría responder inmediatamente, oponiendo con vehemencia las propias razones. La pausa es el medio con el que el sabio calla la mente transformada en ego, observando sus reacciones, con las que no se identifica.*

*Un ser despierto nunca podrá dejarse arrastrar si no lo desea, en ningún tipo de confrontación, ni verbal ni física. Entenderás la importancia de las pausas cuando aprendas a estar presente en ti mismo y a observar tu mente con desapego."*

Estaba sentado allí desde hacía pocos minutos y ya había recibido una multitud de enseñanzas. Entendí que incluso las pausas representan una valiosa ocasión para aprender algo. Empecé a sentir gratitud por esa fantástica e insólita experiencia.

*"Ahora, por lo que respecta a tu objeción - siguió diciendo el Maestro - podría parecer obvia a los ojos de quien no sabe cómo funciona verdaderamente el mundo. El gran error que estás cometiendo es no comprender que lo que aparentemente puede parecer la causa, en realidad, es sólo el efecto. No estás triste porque te haya sucedido algo desagradable, sino que te sucede algo desagradable porque has cultivado la costumbre de estar triste.*

*No conociendo esta ley importante, tiendes a ignorar la causa principal de cualquier evento de tu vida. Antes de todo viene el pensamiento, que es la única y sola causa de todo lo que suceda. Después, observando el resultado de tu creación, reaccionas a ella de manera mecánica, terminando por creer que tu emoción es el resultado del evento exterior. Simplemente has invertido el efecto con la causa y sobre todo, estás ignorando el verdadero fin de todo este mecanismo de creación.*"

"*Escúchame con atención* - dijo seriamente, levantando el índice de la mano derecha, como para subrayar la importancia de lo que me estaba revelando - *estás aquí para crear tu realidad, con el único fin de obtener experiencia. Eres el observador que, con el acto de la simple observación, puede decidir sobre qué atraer su atención. Pero eres, también, un ser divino y como tal, el universo no tiene otra alternativa que responder satisfaciendo tus pensamientos y materializando en tu realidad todo aquello sobre lo que posas tu atención. Tú eres el origen de todo.*

*Esta es la llave de la existencia. No tienes ninguna posibilidad de modificar lo que estás experimentado aquí y ahora. Está ahí porque lo has pedido y tu único deber es conseguir experiencia de ello. Lo que experimentas es el resultado de tus anteriores elecciones que, una vez materializadas, no pueden modificarse, ya que se vuelven cristalizaciones de pensamientos pasados. La realidad que experimentas es como la arcilla modelada por hábiles manos de un artesano. Hasta que no se mete en el horno para la cocción, se puede moldear de cualquier manera pero, una vez cocida, esa arcilla no puede volver a modificarse. Sería estúpido que el artesano quisiera cambiar el resultado final de su obra dándole un martillazo. Obtendría sólo un puñado de pedazos rotos.*

*Igualmente es estúpido ponerse en contra del momento presente a través del lamento, el juicio o la rabia. Actuando de tal forma, renuncias a tu poder y lo delegas al exterior. Poniéndote en contra* del momento presente, de hecho, estás renegando de tu misma creación. Demuestras, sin embargo, tu sabiduría actuando sobre la verdadera causa. Tienes que actuar sobre tus pensamientos, comprendiendo que todo lo que ves es sólo la materialización de tus anteriores elecciones. Si aprendes a actuar modificando lo que sucede en tu interior, la realidad sólo podrá reflejar tu cambio de perspectiva. No existe otra posibilidad.

Desde siempre te han enseñado que el libre albedrío se expresa con la libertad de hacer, sin embargo, representa exclusivamente la libertad de elegir dónde situar la propia atención, que se traduce como la libertad de elegir lo que se desea experimentar.

Si algo no te gusta, simplemente puedes apartar tu atención de eso, concentrándote, sin embargo, en lo que deseas, con el fin de obtenerlo. Esto es el libre albedrío, del que, como ser divino, has sido dotado desde que naciste. Es el único libre albedrío que existe en la naturaleza y por lo tanto, el único que tú puedes ejercer.

Esta verdad ha estado siempre ante tus ojos. Has tenido la oportunidad de experimentar a menudo los efectos perjudiciales de tu obtusa resistencia hacia las cosas del "aquí y ahora" que no satisfacían tus expectativas. Pues bien, prestándoles atención, no has hecho más que pedir aún más de lo mismo al universo, que como ya te he dicho, obedece siempre a tus deseos.

Tienes la facultad de pedir a través de tu atención y así es como creas la realidad que experimentarás. Esta es la gran y única verdad que tu ceguera nunca te ha permitido ver."

No podía creer lo que oía. Me parecía fantástica la idea de que el libre albedrío sólo fuera la libertad de elegir los propios pensamientos y que esta elección se tradujera seguidamente en sucesivas experiencias de vida. El Maestro, con pocas palabras, me había explicado una de las más importantes verdades sobre cómo funciona el mundo. Era la explicación más sensata y plausible que había escuchado sobre lo que, en occidente, llamamos la ley de atracción.

La calma interior que había sentido en aquella breve meditación me había hecho entender lo inútil que era combatir contra las propias emociones o la realidad externa. Y, sin embargo lo sencillo que era volver a encontrar la serenidad y recuperar el control de la propia mente a través de la observación. Controlar significa observar y colaborar, no combatir. Ahora me quedaba claro.

Mientras escuchaba las palabras del Maestro, un joven monje se acercó a mí y me echó en un bol un poco del té de la tetera humeante que se hallaba en el centro de la alfombra sobre la que estábamos sentados. Se lo agradecí bajando la cabeza. Recibí a cambio una reverencia y una gran sonrisa. Mientras, con las manos unidas y la cabeza agachada, el monje se alejaba de nosotros, caminando marcha atrás, creo que como señal de respeto hacia el Maestro.

Observando la expresión serena de aquel joven monje, me vino a la cabeza la jubilosa acogida que recibí a mi llegada y los rostros siempre sonrientes de todo el que me encontraba en aquel monasterio. El mismo Maestro siempre era amable y cariñoso conmigo, aunque aparentemente no tuviera ningún motivo para ello. Cada vez me daba más cuenta de que había caído en un mundo extraño, donde la tristeza estaba prohibida y donde todo el mundo estaba feliz y sereno. Todo ello me hacía sentir curiosidad. Como no conseguía entender el motivo de tanta alegría, osé preguntar:

"Maestro, he observado que todas las personas que viven en este monasterio aparentan ser perennemente felices. Su expresión indica una serenidad interior que parece que prescinde de lo que sucede exteriormente. Para mí, verdaderamente, es difícil comprender cómo se puede ser feliz sin ninguna razón aparente. ¿Cuál es el secreto de tanta felicidad?"

*"La serenidad deriva de un profundo conocimiento de la propia íntima naturaleza - respondió con tono calmo y sosegado - Si tú supieras que eres eterno y que nada de lo que ven tus ojos podrá causarte nunca ningún daño ¿no serías también feliz de poder vivir esta experiencia terrenal? ¿Serías feliz si supieras que lo que estás viviendo es sólo un maravilloso sueño, y que todo el Universo trama a tu favor con el fin de que tú puedas aumentar siempre tu conciencia para acercarte a tu verdadera esencia divina?"*

Me era difícil comprender todo lo que el Maestro me estaba diciendo. El mundo, para muchas personas, era un lugar de sacrificio y de dolor, donde existen guerras, injusticias y atrocidades de todo tipo. Para nada me había quedado claro que el conocer la propia naturaleza pudiera aliviar estos sufrimientos y hacer feliz a alguien, prescindiendo de lo que sucediera alrededor de ella. Mientras razonaba debí modificar mi expresión y revelar de algún modo mi perplejidad, ya que el Maestro, tras una breve pausa, reanudó su razonamiento:

*"Es normal que sigas estando confuso por lo que te estoy diciendo. Nunca podrás comprender mis palabras mientras sigas pensando que la felicidad debe depender de cualquier causa externa. Mientras busques tu felicidad fuera de ti, estarás destinado a un fracaso seguro. Esperando una causa externa sólo estás confundiendo la causa con el efecto.*

*¿Recuerdas? Te acabo de decir que tú eres el origen de todo. No existe otra causa en el mundo que no seas tú. Esto quiere decir que tú tienes que crear antes el efecto deseado y entonces la causa se manifestará".*

"Maestro - objeté - ¿Cómo puedo crear el efecto, si ese efecto aún no se ha manifestado en mi vida? Si deseo mucho poseer algo, ¿cómo hago para crear antes tal cosa? Me siento verdaderamente confundido..."

*"Estás fijando el objetivo equivocado - contestó el Maestro - antes tienes que comprender bien lo que se entiende por efecto. Pregúntate cuál es el fin de cualquier deseo tuyo. Tú no deseas tener algo por el simple hecho de poseerlo sino por saborear el júbilo de la posesión. El efecto final al que aspiras, por lo tanto, no es la posesión en sí misma, sino la emoción que se genera con esa posesión. Tú no quieres poseer cosas. Tú quieres ser feliz y erróneamente*

*crees que la felicidad puede derivar de la posesión de algo de material, perdiendo de vista el verdadero propósito final.*

*Ese malentendido del que eres víctima es el motivo por el que crees que no puedes ser verdaderamente feliz sin ninguna causa aparente. El efecto final que anhelas es tu emoción de júbilo, que representa lo único que puedes controlar y sobre lo cual tienes poder exclusivo e incondicionado. ¿Recuerdas el ejemplo del jarrón de arcilla? Puedes modelar ese jarrón a través de tus emociones, que están bajo tu control directo. Ser feliz es una elección que debe prescindir de cualquier obtención material. Sé feliz y, sin duda, el mundo algo inventará para justificar tu felicidad. Crea el efecto y la causa se manifestará. Este es el gran secreto que, aunque haya estado siempre ante tus ojos, has ignorado constantemente"*

"Maestro, comprendo que el fin último no es poseer cosas sino disfrutar de la felicidad de poseerlas, pero sigo sin comprender cómo es posible ser feliz sin que exista antes un motivo que justifique tal felicidad. Por mucho que me quiera esforzar, es realmente difícil, si no imposible, creer que se pueda producir artificialmente cualquier estado mental, tanto de felicidad como de tristeza. Le ruego que me explique cómo puede ocurrir."

*"Crees que no lo sabes, pero realmente la solución es verdaderamente sencilla y siempre ha estado ante tus ojos. Parece que estás ciego cuando dices que no tienes ningún motivo para ser feliz, aquí y ahora.*

¿Recuerdas cuando hace poco aquel discípulo te dio té? se lo agradeciste y ese gesto te ha hecho sentir bien durante un rato. La gratitud es uno de los más potentes instrumentos para inducir un estado de dicha en tu mente, alejando de la misma todo tipo de pensamientos ilusorios de miedo y de preocupación. Has agradecido porque has obtenido algo que considerabas agradable y que probablemente deseabas. Mira a tu alrededor y observa cuántas cosas tienes a tu disposición exactamente igual que el té que estás saboreando. Disfrutas de buena salud, tienes una casa, tienes muchas cosas que llenan tu vida y te permiten ser feliz. Si no las tuvieras, seguramente desearías tenerlas y no tendrías ninguna duda respecto al hecho de que llegar a poseerlas te haría feliz. Sin embargo, esas cosas ya las tienes. Entonces, ¿por qué no eres feliz?

Asimismo, por algún motivo, te has sentido con el deber de agradecer al discípulo por haberte servido un simple té. Sin embargo ¿no sientes el deber de agradecer al Universo por todas las bellísimas cosas que ya forman parte de tu vida? Este es el camino hacia la felicidad. No tienes que esperar que suceda algo en el futuro, ya que el futuro es sólo una ilusión creada por tu mente. Por lo tanto, puedes sentirte agradecido, aquí y ahora, por todo lo que posees y que te hace agradable la vida.

Cada mañana agradece la cama que te ha cobijado durante toda la noche; agradece a tu cuerpo que te permite vivir y saborear las cosas bellas de la vida. Recuerda cada día expresar inmensa gratitud por tu casa o por la comida que comes. Celebra con júbilo todo lo que ya tienes y de tal manera te acercarás así a la verdad, a lo que verdaderamente eres. Esto atraerá tu felicidad a la luz.

*Recuerda, estás creando un mundo que tiene el único fin de confirmar tus emociones y sensaciones. Ahora sabes que ejerciendo tu libre albedrío puedes elegir fácilmente dónde dirigir tu atención y por lo tanto, controlar lo que sientes. Esto significa que tienes incluso la llave para poder elegir lo que quieres experimentar".*

Me hubiera gustado replicar al Maestro porque, aunque hubiese comprendido la importancia de estar agradecido por las cosas de la vida, aún no me quedaba clara la relación entre la gratitud, la verdad y la felicidad. Pero en cuanto intenté hablar, me detuvo con un gesto de su mano, dándome a entender que debía callar y continuar escuchando.

*"Sigues complaciendo a tu mente inquieta que trata obtusamente de comprender y de reconocer algo familiar en lo que te digo. No puedes atrapar con la mente lo que no pertenece al reino de la mente.*

*Escúchame atentamente. A diferencia de la ilusión, a la verdad no le sirve ninguna confirmación y no tiene necesidad de que tú la creas para que exista. Ahí está, existe desde siempre y continuará existiendo incluso después de que la última de tus ilusiones se haya desvanecido. Lo que debes hacer es solamente eliminar todo lo que no sea real y que impide salir a la superficie la verdad.*

*Pues bien, quizás te asombrará pero, tienes que saber que la verdad y la felicidad son exactamente la misma cosa. O mejor dicho, la felicidad es uno de tus otros sentidos, el que te hace comprender lo cerca que estás de la verdad.*

Cuanto más te hayas sumergido en la ilusión, más lejos estarás de la verdad y más notarás la falta de felicidad. Cuando tu mente está invadida de pensamientos de preocupación o de miedo, estás dormido aunque tengas los ojos abiertos. Estás totalmente sumergido en tu sueño, lejísimos de la verdad. Tu sueño te hace creer que existe un mundo que no existe y te aísla de la que es la última verdad, a la que puedes acercarte tan sólo eliminando los innumerables estratos que, como nubes grises, te impiden saborear la luz y el calor.

Cuando aprecias algo y, consiguientemente te sientes agradecido, simplemente estás eliminando algunas de esas barreras, ya que, a través de la gratitud, despejas la mente de cualquier otro ruido, acercándote a la verdad. En ese momento te sientes algo mejor porque empiezas a entrever la verdadera realidad, que, tal y como hacen los rayos calientes del sol, te da alivio. Por lo tanto, ese alivio es lo que percibes como felicidad. Está siempre presente, más allá de tus míseros pensamientos de miedo, igual que los rayos del sol están siempre allí, más allá del estrato de nubes."

¿La felicidad está siempre presente? Verdaderamente desconcertante. De pronto me di cuenta de que esa sensación de inquietud que alberga continuamente nuestra mente es sólo el resultado del ruido mental que, según el Maestro, nos mantiene alejados de la Verdad y, por lo tanto, de la consiguiente felicidad. Para poder percibirla hay que eliminar los estratos de la ilusión que nos alejan de ella. Es increíble lo artificialmente difícil que hacemos nuestra vida con nuestras estúpidas e inútiles elucubraciones mentales. La felicidad, la tenemos a la mano, basta quererla. Ahora empezaba a quedarme más claro el motivo por el que todos los monjes estaban aparentemente felices. Simplemente habían eliminado cualquier obstáculo hacia lo que el Maestro llamaba Verdad.

En este punto, no pude por menos que declarar mi conflicto: "Maestro, me es todo más claro. Comprendo cómo la apreciación y la gratitud pueden permitirme mantener la mente libre de pensamientos que me alejan de la verdad. Pero tengo aún un gran dilema que resolver ¿Cuál es esta verdad de la que habla? ¿Dónde la encuentro y cómo hago para reconocerla en el inmenso océano de ilusión en el que me hallo constantemente sumergido?

*"Ayúdame a levantarme y te lo mostraré"* - me dijo, extendiéndome una mano.

# Escucha ese crujido...

*"Fíjense en las aves del cielo: no siembran ni cosechan ni almacenan en graneros; sin embargo, el Padre celestial las alimenta. ¿No valéis vosotros mucho más que ellas?"*
*- Mateo, 6.26*

Finalmente tuve la posibilidad de ver al Maestro de pie, frente a mí, y aunque no era muy alto - medía algo más de un metro sesenta - me sentía pequeño en su presencia. De su figura emanaban una autoridad y una "grandeza" que se podían percibir de forma clara, simplemente estando a su lado. Su espalda se conservaba recta y a pesar de su edad avanzada, mantenía la cabeza erguida y tenía la mirada profunda.

Sus movimientos eran bastante lentos, pero no a causa de su edad. Más bien parecían "estudiados", fruto de una meticulosa y constante atención a sus gestos, a su entero ser y a todo lo que le rodeaba. Incluso esto, para mí representaba una demostración evidente de lo que quería decir vivir con presencia constante en el aquí y ahora. Mientras escribo estas palabras, me doy cuenta de lo difícil que es transmitir a quien no lo conoce personalmente, lo que yo sentí en su presencia.

El Maestro me hizo señas para que lo siguiera mientras caminaba lentamente hacia una pequeña puerta situada en una pared en el fondo de la sala. Se trataba de la pared posterior, opuesta a la de entrada, mirando a la montaña. Por eso no entendía dónde podría conducir visto que, aparentemente, en ese lado debía haber solo pared rocosa.

Antes de abrir la puerta, el Maestro se paró y se giró hacia mí, quizás para cerciorarse de que yo le hubiera seguido. Abrió la puerta y la cruzamos.

No podía dar crédito a lo que veía. Me encontraba en un bellísimo jardín excavado en el interior de una amplia cueva de la montaña situada a la espalda del edificio principal del monasterio. El terreno estaba cubierto de un césped cuidadísimo, de un color verde brillante y compacto. Pequeñas flores brotaban por todas partes ofreciendo un fácil punto de apoyo para el revoloteo de decenas de mariposas de alas blancas. Una vegetación abundante trepaba sobre la pared rocosa desde la que descendía, con estruendo, un pequeño manantial formado, muy probablemente, por las aguas pluviales que recogía a lo largo de la montaña, para después formar una pequeña cascada de agua que, al tocar la tierra, alimentaba un arroyo que atravesaba todo el jardín. El agua canalizada, al final de su trayecto, a la izquierda, se zambullía en un pequeño lago en el que algunas hojas de loto flotaban plácidas e imperturbables.

Un verdadero espectáculo de la naturaleza, totalmente escondido para los ojos indiscretos de cualquier visitante ocasional. De hecho, nadie habría podido imaginar lo que se escondía detrás de una pequeña puerta situada en la esquina más remota y oscura de aquella enorme sala.

Exclamé: "¡Maestro, es maravilloso! Jamás hubiera podido imaginar que existiera un lugar tan bello detrás de esa puertecilla"

*"Precisamente ese es tu problema - contestó el Maestro - das por descontado cosas que no lo son. Tu vida entera está basada en suposiciones que, a la luz de una verificación banal, se revelarían sin ningún fundamento. En este caso, habría sido suficiente que esperaras a ver lo que había detrás de la puerta; sin embargo has usado tu mente para formular hipótesis que han resultado después completamente equivocadas. Me lo ha confirmado tu rostro mientras te acercabas a aquella puerta. En él, he leído las dudas que atormentaban tu mente, fruto de miles de suposiciones que, de manera totalmente arbitraria y sin ninguna razón, estabas dando por ciertas en aquel momento.*

*Vives en un mundo ilusorio en el que aceptas sin dudar la certeza de muchísimas cosas, pero no te das cuenta de que ninguna de ellas es verdadera. Solamente son fruto de ilusiones derivadas de convicciones, cuya mayor parte te han llegado de forma ajena y en las que has creído ciegamente. Das por descontado que el mundo que ves tiene consistencia real y que continúa existiendo incluso sin ti. Das por sentado que nada puede suceder sin una causa previa y por consiguiente, no crees en la posibilidad de ser feliz espontáneamente. Esta creencia limita drásticamente cualquier aspecto de tu vida. No te das cuenta de que vives constantemente en un mundo*

45

en el que sólo puedes experimentar lo que corresponde a tus más íntimas creencias. *Tu obtusa convicción de que no puede suceder nada agradablemente inesperado, hace que tu vida sea siempre igual y monótona"*

Tenía absolutamente razón. Me había aferrado ciegamente a mi suposición de que detrás de aquella puerta no podía existir nada interesante. El Maestro parecía tener la increíble capacidad de captar mis sentimientos y mis pensamientos más íntimos. Nada podía esconderse a su percepción. Esto hacía que me sintiera un poco turbado, lo tengo que admitir. No entendía cómo conseguía hacerlo. Quizás mi expresión facial revelaba constantemente cuáles eran mis pensamientos y mis consideraciones o quizás poseía facultades sensoriales, distintas a las de los comunes mortales, que le permitían explorar y percibir todo lo que me pasaba por la mente.

Cualquiera que fuera la respuesta, de todos modos, me sentía desnudo en su presencia y probablemente este hecho a él le era notorio, ya que más de una vez, aquella mañana, había tratado de atenuar mi malestar con amplias sonrisas y tonos conciliatorios, intentando reducir la enorme distancia que, al menos aparentemente, nos separaba.

*"Me has preguntado qué es la verdad* - siguió diciéndome tras haberme concedido una breve pausa de reflexión - *pues bien, llegaremos a ella por grados, porque el camino que lleva a comprender la verdad es largo y tortuoso y requiere que durante su recorrido consigas demoler muchas falsas creencias sobre ti mismo y*

sobre el mundo. *La primera cosa que tienes que saber es que la verdad está dentro de ti, forma parte de tu ser, aunque ahora creas que se encuentra en otro lugar, escondida quién sabe dónde, tal vez en un libro o en las palabras de un gurú.*

*Estarás destinado a una búsqueda vana hasta que no entiendas que tienes que buscar en tu interior, en el único lugar en el que puedes encontrar la verdad. Dentro de ti hay un jardín maravilloso del que no sospechas su existencia. A veces, vislumbras la vía para entrar en él pero, como hiciste con aquella pequeña puerta, la ignoras creyéndola insignificante. La entrada a ese magnífico jardín es posible sólo en aquellos raros momentos en los que tu mente se encuentra en absoluta tranquilidad, momentos a los que, sin embargo, no prestas ninguna atención con la errada convicción de que el silencio no puede conducirte a ninguna parte.*

*Sin embargo, si te detuvieras a observar ese silencio, te darías cuenta de que esa es la puerta que te conduce hacia la verdad, hacia Quien Eres verdaderamente. Todo lo demás es sólo ruido mental y como tal, no tiene ninguna consistencia real. Es lo que crea la ilusión en la que constantemente estás sumergido, creyendo que es la realidad".*

"Por lo tanto, la verdad hay que encontrarla y sacarla a la luz, Maestro, con el fin de que pueda ser reconocida y sobresalga por encima de todo lo que es sólo ilusión" - Afirmé, consiguiendo por poco, esconder mi orgullo por haber comprendido lo que querían decir aquellas palabras del Maestro.

*"No se puede encontrar ni sacar a la luz lo que, en realidad, ya es luz. El Sol no se ve afectado por la alternancia del día y de la noche sobre la tierra. Su luz existe por encima de todo. El Sol sabe perfectamente que la oscuridad no existe como entidad independiente, sólo puede ser concebida como ausencia de luz, como algo que únicamente puede ser descrito en función de su causa primaria, que es la misma luz. No puedes convertirte en mercader de la oscuridad, porque enseguida te darías cuenta de la dificultad que tendrías para poner en venta algo que no existe".*

Una vez más, el Maestro debía haber leído en mis ojos el extremo esfuerzo que estaba haciendo para seguirle en su discurso: *"Comprendo la dificultad que tienes para asumir lo que te estoy diciendo - me tranquilizó - pero cuando tengas bien claro el motivo de la total inconsistencia de lo que no es real, tendrás el camino labrado para encontrar una respuesta a tus preguntas.*

*La ilusión, así como la oscuridad, no puede vivir de vida propia. Este es el primer valioso indicio que puedo darte para ayudarte a que reconozcas lo que no es real. Así como la oscuridad desaparece cuando se la ilumina, igualmente la ilusión se disuelve y revela su naturaleza efímera cuando se la pone frente a la luz de la verdad."*

"Maestro, perdone, pero tengo la impresión de haber vuelto al punto de partida, porque usted me dice que para que descubra algo que no es real, tengo que usar la luz de la verdad; sin embargo, mi problema es que no sé qué es la verdad, por lo tanto ¿Cómo podría usarla para iluminar algo que puede ser falso?"

"*Tu mente se estremece y está impaciente como un cachorro que se inquieta y salta tratando de alcanzar el cuenco de la comida que su dueño le está preparando, sin entender que para que esa comida sea suya, basta sólo con saber esperar. Así como hay que preparar la comida antes de que la pueda comer ese pequeño perro, así hay que preparar tu mente antes de que puedas comprender a fondo el significado de lo que te estoy diciendo.*

*El verdadero paso adelante lo das si entiendes que la ilusión, no pudiendo vivir de vida propia, precisa de ti para existir. Tiene necesidad absoluta de que tú la creas real, de lo contrario no tendría modo alguno de manifestarse. La ilusión se mantiene en vida por tu creencia que, a su vez, está alimentada por tu abstracción. El resultado es que eres prisionero de un sueño profundo donde la luz de la verdad no puede llegar. No te das cuenta de que eres tanto el prisionero como el carcelero. Vives en un sueño, pero el sueño no puede existir sin un soñador. Quizás ahora estás empezando a comprender por qué digo que eres el origen de tu mundo. Ese mundo no tiene ninguna consistencia, aunque tú creas que es real y por consiguiente, no puede existir sin que tú lo vuelvas a crear, instante por instante, a imagen y semejanza de cómo crees que ese mundo tiene que aparecer.*"

¿Volver a crear el mundo instante por instante? En ese momento, lo que dijo me pareció absurdo. ¿Cómo se puede volver a crear algo que ya existe? El mundo lo veo aquí, alrededor de mí y aunque el Maestro me hubiera dicho que yo soy el origen de todo, en absoluto me quedaba claro lo que quería decir con eso de "volver a crear".

Más tarde reconsideré algunos conceptos de física cuántica y me vino a la mente la denominada "sopa cuántica". De hecho, cualquier espacio vacío, según esta teoría, no está vacío en absoluto, ya que realmente está compuesto por una continua ebullición de partículas que entran y salen de ese espacio ininterrumpidamente. Según esta teoría, nuestra observación "extrae" literalmente de esa "sopa" solo las configuraciones de partículas que van a componer los objetos y los eventos del mundo que vemos en cada instante.

Quizás es este el mecanismo físico al que se refería el Maestro cuando decía que el mundo se vuelve a crear instante por instante. ¿Será posible que ciertas doctrinas orientales tuvieran conocimientos de conceptos cuánticos desde épocas remotas? Evidentemente sí, y este hecho no quedaba confirmado sólo por lo que el Maestro me estaba diciendo en ese momento, sino por toda una serie de conceptos que había advertido que eran totalmente similares a los que la ciencia oficial estaba descubriendo en estos últimos decenios.

Quise compartir mi razonamiento con el Maestro: "Lo que está diciendo me recuerda una teoría de física cuántica - le dije - según la cual es posible extraer potencialmente cualquier cosa de cualquier porción de espacio vacío. ¿Así creamos el mundo?

*"Los científicos de tu mundo están lejos de entender la realidad - me contestó levantando la mirada hacia una bandada de pájaros que acababa de tomar el vuelo - creen que observan*

*un mundo preexistente, separado de ellos. No se puede explicar la materia con la materia o la energía con la energía. Mientras no introduzcan la conciencia en el interior de sus fórmulas, nunca podrán llegar a deducir la verdadera naturaleza de las cosas. Piensan que están descubriendo un mundo que en realidad están creando ellos mismos y en el que encontrarán siempre confirmación a cualquiera de sus teorías, incluso a las más extravagantes. Si un número suficiente de científicos creyera en una teoría por inconcebible que fuera, antes o después, se corroboraría través de algún experimento. Sería sólo cuestión de tiempo.*

*Esta verdad ha estado siempre ante sus ojos. Bastaría con mirar desde otro punto de vista lo que ha sucedido en la historia de los descubrimientos científicos para tener confirmación de ello. Por ejemplo, si la fórmula que supone la existencia de una nueva ley física, la comunidad científica la considera suficientemente atendible y además fuera elegante desde el punto de vista matemático, entonces puedes estar seguro de que esa ley se confirmará antes o después a través de algún experimento. Esa verdad estuvo siempre ahí, en evidencia, pero los científicos no podrán tener conciencia de la misma hasta que no comprendan que han sido los únicos artífices del mundo que están experimentando.”*

“Maestro - objeté - si esa ley física se descubre es porque ya existía y, por lo tanto, siempre ha existido. No puedo creer que comience a ser verdadera sólo porque algún científico haya supuesto su existencia. Lo que me está describiendo es demasiado extraño para ser creíble.”

51

"*El mundo que ves lo estás creando tú, por lo tanto, se uniforma con las que son tus creencias sobre cómo debe aparecer y comportarse. Las leyes físicas en absoluto están determinadas. Contrariamente a lo que creen los científicos, el Universo no es más que la expresión constante del nivel de conciencia de la humanidad y por eso manifiesta leyes que pueden variar en función de lo que, por consentimiento común, se puede aceptar como verdadero. La ciencia no puede explicar el sueño, porque es una de las manifestaciones del mismo sueño. Puedes saber que estás soñando sólo cuando sales del sueño y miras tu realidad con ojos diferentes, lo que solo puede suceder a un nivel de conciencia más elevado. Sé que esto puede parecer increíble para quién, como tú, aún piensa que el mundo es algo exterior y existente, independientemente de quién lo observe pero, es precisamente eso lo que sucede y algunos estudiosos de tu mundo se están dando cuenta de ello.*"

"El hecho es que una ley física, para que se descubra, tiene que existir ya en el Universo..." - dije – aunque, sinceramente, no estaba ya muy convencido de esta afirmación teniendo en cuenta que el Maestro estaba derribando pedazo a pedazo todas mis certezas.

"*Nuevamente estás confundiendo la causa con el efecto. No hay nada que descubrir porque nada puede existir, si antes no se concibe a nivel mental. A través de tu mente, literalmente, das el permiso a las cosas para que existan y se materialicen. Así sucede para cualquier cosa o evento de los que experimentes. Vale tanto para el progreso científico como para un evento, feliz o infeliz, de tu vida. Estás en el centro de tu mundo, del cual eres el único origen. En el momento en el que creíste que estabas separado de tu*

*Verdadero Ser, comenzaste a crear un mundo en el que rige la dualidad y la separación, que son nada más que proyecciones de tus creencias más íntimas. El problema es que has olvidado que eres el creador, perdiendo, por tanto, la conciencia sobre su naturaleza ilusoria.*"

"Sólo trato de aplicar las reglas del sentido común que he aprendido en mi vida - respondí tímidamente - Es lógico creer que lo que veo o lo que experimento tiene que existir ya de alguna manera." Inmediatamente después de esta frase, me di cuenta de que más que una afirmación, era una pregunta que me estaba haciendo a mí mismo, a la cual, probablemente, ya no estaba convencido de poder dar una respuesta correcta.

"*Aunque tus oídos oigan mis palabras, tu mente utiliza un filtro constante, relegando en el olvido todo aquello que no coincide con tu experiencia pasada. Ya te he explicado que tu mayor problema es dar por descontado cosas que no lo son en absoluto, como la existencia objetiva del mundo que te rodea. Intentas desesperadamente relacionar lo que digo con algo conocido; sin embargo, tienes que hacerte a la idea de que el pasado no te será de ayuda para comprender. No podrás avanzar un sólo paso hacia la verdad hasta que no dejes de dar por cierta la existencia de una realidad que prescinde de tu ser. Cualquier cosa, desde una ley física hasta un objeto material, no puede existir si antes no ha sido conceptualizada en tu mente; pero esto te es muy difícil de aceptar dando por descontado la existencia de un mundo allí fuera y llegando a la errada conclusión de que tu deber sólo es descubrirlo*".

"Maestro, aceptando la idea de que soy yo quien crea todo, en el momento en que algo aparece y entra a formar parte de la realidad, de mi experiencia, se convierte para mí en verdad. Es verdadera porque existe"

*"No te dejes confundir por las palabras que uso. Cuando digo que cualquier cosa 'existe' como consecuencia de tu pensamiento creador, no pretendo decir que tenga una "existencia" real, ya que es siempre una ilusión y solamente una ilusión. No confundas la experiencia con lo que es la verdad. Estás llamando verdad a algo que aparentemente está fuera de ti, mientras que yo acabo de decirte que sólo podrás encontrarla dentro de ti. Lo que deberás tener constantemente en cuenta durante tu larga búsqueda.*

*Escúchame con atención -* dijo, mirándome a los ojos y apoyando una mano sobre mi hombro - *te voy a revelar de qué está hecho el mundo que crees ver a tu* alrededor".

En ese momento se levantó una improvisa ráfaga de viento que hizo agitar con estruendo las plantas que estaban cerca de nosotros. El Maestro interrumpió su discurso mirándome fijamente en los ojos, mientras el viento sacudía con fuerza las faldas de nuestros largos hábitos. Su mano estrechó con fuerza mi hombro, casi como si quisiera protegerme del ímpetu del fuerte aire. Pensé que ese viento imprevisto era totalmente casual, pero ahora, con la distancia del tiempo y reflexionando sobre lo que el Maestro me dijo, interpreto esa violenta ráfaga como un soplo providencial de conciencia invocado para borrar la multitud de falsas certezas que ocupaban mi mente.

Algunos segundos después de que el viento se apacigua-ra, el Maestro volvió a hablar: *"Te hallas en el interior de un círculo vicioso en el que estás constantemente sumergido. Crees que estás separado del Todo y en consecuencia, constantemente creas, de la nada, un mundo dual, aparentemente separado de ti, a ima-gen y semejanza de tu creencia errónea. Al mismo tiempo observas tu creación, olvidando que eres su creador, cayendo en la ilusión de que lo que ves, es la realidad. Tu observación refuerza tus creencias y genera la ilusión de que tienes razón al creer que lo que experi-mentas realmente existe. Y así sucesivamente, te enredas, cada vez más, en un círculo vicioso. Has caído tan profundamente en la es-piral de tu ilusión que no consigues percibir ni siquiera el lejano re-flejo de luz del que procedes.*

*Te comportas como un gato que, cuando eriza su pelo y bufa amenazador contra su imagen reflejada en un espejo se sorprende de que el gato que ve en el espejo no se sienta intimidado por su actitud agresiva. Te deslumbra un juego de luces y sombras de las que no te das cuenta que eres el único artífice y protagonista. El mundo que ves es sólo una proyección de tu ser, por lo tanto, la lu-cha estúpida contra el mundo no es más que una lucha contra ti mismo. No es fácil salir de eso. Hasta que no estés dispuesto a re-conocer el engaño, tomarás por loco a quien intente convencerte de que adquieras conciencia de tu delirio y lucharás con todas tus fuerzas para seguir aferrándote a ese espejismo, aunque ese mundo ilusorio te asuste.*

*Lo que no es real te esconde la verdad, camuflándose, a su vez, como realidad. Has creído incondicionalmente en este juego durante tu vida entera, sin hacerte nunca preguntas; pero has lle-*

gado a un punto en el que te das cuenta de que hay algo que no encaja. Ese mundo en el que siempre has creído, de pronto, parece que no tiene ningún sentido y, entonces, empiezas a buscar la verdad. Ingenuamente crees que puedes encontrarla en algún lugar fuera de ti, quizás en un gurú o en un libro; mas buscando en el lugar equivocado, sólo reforzarás tu ilusión. La verdad no está en ningún lugar, porque es el origen de todo y de lo que deriva cualquier cosa que puedas experimentar. Tu labor es descubrir y reconocer lo que no es real, porque sólo así te estarás cerca de comprender la verdad.

La verdad es la fuente primaria, inmutable y eterna de todo lo que existe. Es el manantial del que cualquier cosa, conocida o desconocida, puede emerger. Pero al final te das cuenta de que este largo trayecto de búsqueda no es más que un viaje de regreso hacia ti mismo, hacia tu Verdadero Ser, que es el origen de todo. La verdad no tienes que buscarla, porque siempre ha estado a tu disposición. Tienes que eliminar todo lo que la ha mantenido oculta a tus ojos hasta que comprendas que la verdad eres tú y que por eso nunca podrás encontrarla. La única cosa sensata que puedes hacer es ser la verdad misma."

"Maestro, no entiendo - objeté - Usted me está diciendo que no tengo que buscar la verdad pero, yo creía que ese era mi deber principal. Usted mismo me ha dicho que encontrar la verdad significa también encontrar la felicidad y este es mi objetivo final."

"La verdad no puedes buscarla, porque no tendrías ninguna posibilidad de encontrarla. Encontrar algo presupone estar separado de lo que se está buscando. *Tú no estás separado de la verdad. La verdad eres tú, es tu más íntima naturaleza. ¿Cómo podrías encontrar algo que ya eres? Es como buscar tus gafas sin darte cuenta de que las tienes sobre la nariz. Comprométete, sin embargo, a hacer limpieza en tu mente, con el único objetivo de eliminar todo lo que no es verdadero y que oscurece la visión de Quién Eres Tú. Ese es tu deber.*

*Estás creando un mundo ilusorio que no tiene ningún sentido aparente y como tal te aterroriza. Por eso no consigues percibir la felicidad que ya forma parte de tu ser. Cualquier problema tuyo es sólo el resultado de una alucinación creada por ti como consecuencia de que te sientes separado del mundo que te rodea. El único modo que tienes para descubrir Quién Eres verdaderamente es eliminar toda la escoria que está oscureciendo tu verdadero ser.*"

El Maestro tenía verdaderamente razón. Creo que cualquier individuo vive con el constante terror de que pueda sucederle algo desagradable. En mi vida, muy a menudo, he tenido miedo a afrontar nuevos retos y muchas veces he acabado por renunciar a ellos, prefiriendo quedarme en el interior de mi zona de confort, a salvo de cualquier imprevisto.

Por eso le dije al Maestro: "Me gustaría considerar mis problemas como una simple alucinación pero, me resulta verdaderamente difícil eliminar mis miedos. El mundo parece que se mueve independientemente de nuestra voluntad, por lo tanto, todos vivimos con el miedo constante de que nos pueda suceder algo en cualquier momento, con independencia de lo que son nuestro deseos".

El Maestro me hizo señas para que me callara y dirigiendo la mirada hacia arriba dijo: *"Escucha ese lejano crujido de hojas... observa las nubes allá arriba, movidas por el viento o el revoloteo de esas mariposas... es el Universo que se pone en marcha para cumplir tus deseos. Nada se mueve sin un objetivo. Incluso la más pequeña partícula de materia, cuando se mueve, lo hace con el único fin de satisfacer tus peticiones. Abandona la idea de tener un cuerpo limitado en el espacio y separado de todo lo demás. Empieza a considerar el Universo entero como tu cuerpo físico. Así como tu corazón late y cada célula tiene el único objetivo de mantenerte con vida, de la misma manera, cada remota parte del Cosmos tiene como único deber el de alcanzar tu objetivo."*

"Pero, Maestro –rebatí cada vez más confuso ‑ es difícil creer en lo que me está diciendo, porque mis deseos no siempre se cumplen y los objetivos que me propongo a menudo son difíciles de alcanzar a causa de los miles de impedimentos que se presentan en mi camino."

El Maestro insinuó una sonrisa y balanceando la cabeza como señal de total desacuerdo con lo que estaba diciendo, respondió: *"Estás muy lejos de la verdad. Continúas debatiéndote en la absurda convicción de que sólo puede existir lo que puedes concebir con tu mente racional, confundiendo tus límites con los límites del mundo. Eres tú el que contribuye a poner miles de impedimentos entre ti y la realización de tus deseos. No hay nada ni nadie, allá fuera, que pueda hacerlo en tu lugar. Además, tergiver-*

sas totalmente el significado de los términos 'deseo' y 'objetivo', usándolos no sólo de manera equivocada, sino creyendo que tienen el mismo significado.

Hay un único objetivo. Volver a tu origen para descubrir Quién Eres verdaderamente. Aunque tú creas que tienes objetivos que cumplir en esta vida, en realidad existe sólo una meta final, que es la de tu despertar definitivo. Me refiero a esto cuando digo que el Universo trama para satisfacer tu objetivo. No podrás saber cuándo, pero un día lo alcanzarás. Es imposible fracasar porque, como te he dicho, el Universo entero está de tu parte.

Sin embargo, los que tú llamas deseos son prácticamente inexistentes y de ninguna importancia para el Universo. Él no puede percibirlos, porque habitan en tu mente racional, esa parte de ti que vive tenazmente en la oscuridad de la ilusión. Para el Universo, tus verdaderos deseos son tus creencias que, después, se traducen en tus expectativas. Tu entero Ser vibra de acuerdo con todo lo que tú crees que es posible y esa vibración es la que crea, instante por instante, el mundo que vives. Nada podrá cambiar en tu vida si antes no cambias tus creencias primarias que, a través de las vibraciones que irradian, se convierten en verdaderas órdenes que el Universo sólo tiene que ejecutar. Si quieres que tus deseos se vuelvan realidad, deja de proyectarlos en el futuro y transfórmalos en lo que eres ahora. Fúndelos con tus creencias, haciendo de manera que se vuelvan una sola cosa. Sé lo que quieres ser, en lo que quieres convertirte. Hazlo aquí y ahora y verás que todas las puertas que creías infranqueables se abrirán mágicamente.

*Ningún cambio duradero, sin embargo, podrá acaecer hasta que no tomes conciencia de Quien Eres verdaderamente. Para hacerlo deberás ejercitarte con constancia y férrea voluntad, descubriendo y reconociendo todo lo que es falso y que forma parte de la gran ilusión en la que estás inmerso."*

"Le ruego, Maestro, enséñeme a hacerlo - le pedí con ansiedad - no veo la hora de comenzar. Dígame lo que tengo qué hacer y me esforzaré"

*"Ya sabes lo que tienes que hacer, si has escuchado con atención lo que te he dicho. Retírate en meditación, por lo menos, una vez al día y tras haber silenciado tu mente, con los ojos cerrados, empieza a interrogarte sobre Quién Eres verdaderamente. Hazte la pregunta constantemente y descarta cualquier hipótesis que te hagas al respecto. Deberás llegar a percibir que tú eres más allá de cualquier cosa que tu mente conciba. Eres más allá del sueño, porque eres el origen del mismo sueño. Este ejercicio hará llegar a tu interior la idea de que tu Verdadero Ser no puede ser concebido o descrito, ya que es el origen, es antecedente a cualquier otra cosa."*

Toda mi atención estaba dirigida hacia el Maestro, con el único fin de no perder ni siquiera una palabra de lo que estaba diciendo...

*"Tras haber hecho este ejercicio durante un rato - siguió diciendo - trae nuevamente el silencio a tu mente. Vuelve a abrir los ojos y mira todas las cosas que están a tu alrededor, incluido tu cuerpo. Cada vez que tu mirada o tu mente se detengan en un objeto en particular, repítete a ti mismo que lo que estás viendo no es*

real, si no que sólo es una creación tuya en la que has creído profundamente. Tu deber es habituar a tu mente a reconocer como ilusoria cada cosa que tus sentidos perciban. De tal manera, volverás a subir por la espiral de la ilusión, disminuyendo, poco a poco, las nubes que esconden la luz de la Verdad.

Esto es todo. Por hoy es suficiente. Tu mente ha recibido bastante material sobre el que reflexionar. Dedica la tarde al reposo y a la meditación. Sin el ejercicio, mis palabras sólo son inútil comida para la mente de superficie, simples curiosidades intelectuales que morirán junto a tu cuerpo. Debes asentar profundamente las nuevas creencias, haciendo de manera que el conocimiento se vuelva experiencia. Sólo con la práctica es posible forjar un ser nuevo. Ahora ve a tu habitación y medita sobre ti mismo, a la búsqueda de la verdad que ya existe dentro de ti. Analiza lo que crees que sabes y plantéate las preguntas justas con el único objetivo de poner en cuestión cualquiera de tus convicciones actuales.

Si quieres comprender la verdad, antes tienes que demoler todo lo que no es verdadero. Y lo que no es verdadero se disolverá como nieve al sol ante esa luz de la conciencia. Deja de hacer estúpidas suposiciones y pon, siempre, en duda todo lo que crees que sabes. Sólo lo que es verdadero resistirá la prueba de la duda. Lo demás se revelará como lo que es: nada.

Ve y comienza tu sagrado camino en la búsqueda de la felicidad que ya está dentro de ti. Está sólo esperando que la traigas a la luz."

Dicho esto, se dio la vuelta y se alejó, dirigiéndose lentamente hacia la cascada de agua al fondo de ese maravilloso jardín. Volví a la gran sala, donde mientras tanto se habían reunido varios monjes para rezar. Me senté en una esquina para observarlos y escuchar sus maravillosos cantos. Me quedé allí hasta la hora del almuerzo, pensando en las increíbles cosas que el Maestro me había dicho esa mañana. Tras una frugal comida a base de arroz y fruta, me retiré a mi habitación donde pasé el resto del día ejercitándome tal y como me había dicho el Maestro, hasta que el cansancio dejó paso a un sueño reparador.

# No te lamentes de los libros que no leas

*"Si deseamos conocer el sentido de la existencia, tenemos que abrir un libro: allá abajo, en la esquina más oscura del capítulo, hay una frase escrita a propósito para nosotros."*
*- Pietro Citati*

Puntual como un reloj suizo, también aquella mañana el sonido de los platillos se dejó oír inexorablemente. Ese tintineo insistente, cada vez más intenso según se acercaba a la puerta de mi celda, tenía un efecto perturbador, arrancando mi conciencia del sueño profundo en el que estaba sumergida mi mente, para llevarla a la realidad de aquella pequeña habitación en el interior del monasterio tibetano perdido entre las cimas del Himalaya.

Aun sin reloj, habría podido apostar que eran exactamente las cinco de la mañana. Los monjes tibetanos tienen un gran sentido de la puntualidad, sobre todo cuando se trata de llevar a cabo sus rituales. Reflexioné sobre el hecho de que para un monje toda actividad es vivida como si fuera un rito sagrado, incluso las cosas que nosotros consideramos más banales, como servir té o anunciar el despertar matutino. Me pregunté el por qué y la respuesta más obvia fue que la ritualidad aplicada a cualquier actividad diaria representa el medio por el que cada acción puede realizarse con la máxima atención, como si fuera lo más importante del mundo.

Luego me acordé de los conceptos que había aprendido al leer a Eckhart Tolle, Gurdjieff y otros sobre la importancia del silencio mental obtenido a través de la presencia y la atención enfocada en el aquí y ahora.

De repente, me quedó claro cuál era el motivo de ese ritual aplicado con tan extremo rigor. Los monjes ponen la máxima atención en todo lo que hacen y esto les lleva a estar en el aquí y ahora con el pleno control de la propia mente. Y éste, según las enseñanzas del Maestro, era el medio a través del cual se puede desconectar del ruido mental, acercándose así a la verdad y por lo tanto a la felicidad. Aunque lo había leído innumerables veces, sólo en aquel momento comprendí la verdadera esencia del ritual: no importa lo *que* haces, sino *cómo* lo haces. En otras palabras, percibí de forma clara que lo que verdaderamente cuenta para alcanzar la paz interior es la profundidad con la que nos sumergimos en las acciones cotidianas.

Razoné sobre el hecho de que cada religión tiene sus propios rituales, cuyo fin último es el de adiestrar a los fieles en la disciplina de la presencia y del vivir en el aquí y ahora, pero este significado, desgraciadamente, se ha ido perdiendo en las enseñanzas de casi todas las religiones, con excepción quizás de algunas doctrinas orientales.

Un simple tintineo, que una mente distraída habría vivido como algo muy fastidioso, sobre todo si interrumpe el sueño a las cinco de la mañana, había representado para mí, sin embargo, una buena ocasión para reflexionar, para llegar a comprender el verdadero objetivo de los rituales y la importancia de la presencia. Enteros volúmenes leídos sobre este argumento no me habían dado la misma claridad de comprensión que aquel sonido, esa mañana, me estaba ofreciendo.

Tuve entonces la ulterior confirmación de que no sólo las enseñanzas del Maestro, sino toda la situación en aquel monasterio, si se leía en la clave justa, representaban una buena ocasión para aprender algo. Este placentero pensamiento me acompañó durante todo el tiempo que transcurrió mientras me preparaba para la larga jornada que me esperaba.

Aquel día me dijeron que el Maestro me esperaba en la biblioteca del monasterio, una sala grande situada en un edificio que se encontraba en la parte más al oeste del complejo. Para llegar allí había que cruzar un corto tramo en el exterior y caminar por un callejón, empedrado con grandes piedras pulidas, desde el cual se podía admirar el inmenso valle que yacía a los pies de la montaña sobre la que estábamos. La antigua historia de aquel lugar se revelaba incluso a través del perfecto pulido de aquellas grandes piedras, abrillantadas por el paso de quién sabe cuántos millares de sandalias a lo largo de innumerables siglos de historia.

El aire fresco de la mañana agudizaba mis sentidos, hacía que me sintiera aún más atento y sensible ante la majestuosidad de aquel paisaje. Un gran sentimiento de excitación y de feliz espera me invadía mientras me encaminaba hacia el enorme portal que se levantaba ante mí al final de aquel callejón.

El portal de la biblioteca era majestuoso, alto, quizás más de tres metros, con las dos puertas de madera antiquísima, repletas de incrustaciones de centenares o millares de pequeñas figuras sagradas mixtas a base de ideogramas totalmente incomprensibles para mis limitados conocimientos de arte sagrado oriental. La majestuosidad de aquella entrada dejaba percibir al visitante, antes de entrar, la sacralidad del lugar al que se estaba accediendo y el inestimable valor de los libros que allí estaban conservados.

Su increíble belleza capturó inexorablemente mi atención, dejándome sin aliento durante algunos momentos, tal y como uno se queda frente a un bellísimo paisaje.

Aquel momento de contemplación frente a tanta grandeza, tal y como comprendí más tarde, es el medio a través del cual se obtiene la suspensión momentánea del pensamiento. Es una especie de limpieza instantánea de la mente, inducida conscientemente con el objetivo de llevar al visitante al correcto estado mental y prepararlo para la entrada en aquel lugar venerable. Quizás, este es uno de los motivos por los que en el pasado se construyeron catedrales tan imponentes y de tan extraordinaria belleza, dejando sin aliento a cualquiera que cruzara el umbral.

Entré con algo de miedo, tratando de ver dónde se encontraba el Maestro. Mis ojos no me ayudaban, aún no estaban acostumbrados a la escasa iluminación, cuando, de repente, oí su clara voz.

*"Entra. Tienes que aprender a no fiarte demasiado de tus ojos. Ellos no ven la realidad. Tú crees que no consigues encontrarme aquí, en la penumbra, pero si probaras a parar tu mente para escuchar tus sensaciones, sabrías enseguida dónde encontrarme."*

Ahora sí que sabía dónde tenía que dirigirme. No porque hubiera adquirido alguna capacidad extrasensorial, sino porque la procedencia de su voz me había dado un indicio preciso sobre la dirección que tenía que tomar. Me di la vuelta hacia mi derecha, en dirección de su voz y tras dar algún paso, finalmente conseguí verlo. Estaba sentado frente a una gran mesa de madera, rodeado de decenas de libros amontonados. La tenue luz que penetraba por una pequeña ventana a su espalda, ponía en evidencia claramente su silueta y la de los libros que tenía a su alrededor.

*"Ven y siéntate - me ordenó con tono sosegado, indicándome un banco situado frente a él, en el lado opuesto de la mesa - debes sentirte honrado - continuó diciendo - ya que pocos discípulos antes que tú han tenido el privilegio de cruzar el umbral de este lugar."*

"¿Por qué, Maestro? - le pregunté asombrado mientras me acomodaba - ¿Los monjes no pueden acceder a la biblioteca del monasterio?"

*"No he dicho monjes. He dicho discípulos. Y tú eres aún menos que un discípulo, ya que todavía crees en la existencia de un mundo real fuera de ti. El discípulo es aquel que se asoma a la doctrina con la curiosidad de un niño, desnudo de cualquier preconcepto o conocimiento subyacente. Un discípulo tiene aún un pasado, pero ha entendido que no puede basarse en él para comprender la realidad del mundo que le rodea."*

Tras una breve pausa continuó diciendo: *"Has entrado aquí trayendo contigo todo el mundo, que está compuesto exclusivamente por tu pasado o por aquello que tú crees que sea tu pasado. Ese lastre sobrecarga tu mente y la oscurece lo suficiente para impedir que tú puedas captar las señales que llegan de tus sentidos más sutiles, sentidos que ni siquiera sospechas que posees."*

Me acababa de sentar y ya me había atropellado con una avalancha de nociones que, con dificultad, estaba consiguiendo poner en orden en mi mente. Quería hacerle algunas preguntas, pero me detuvo inmediatamente cuando intenté empezar a hablar...

*"Esta sala no es oscura. La oscuridad que tú crees que ves es sólo la proyección de la oscuridad que existe dentro de ti. El mundo podría ser para ti un lugar muy luminoso, incluso durante las noches sin Luna pero, para poder percibir o proyectar la luz al exterior, tienes que tenerla dentro. Hasta que no seas capaz de hacerlo,*

seguirás teniendo necesidad de una luz externa para ver. El mundo es tan sólo una proyección de tu ser o más exactamente, de lo que tú crees que es tu ser. Eres una entidad de Luz y podrías percibir con claridad este lugar como si hubiera un Sol en su interior, pero no crees serla y por lo tanto, proyectas tu creencia fuera de ti, percibiendo este lugar como un lugar oscuro, a falta de otras fuentes de luz."

Viendo mi expresión incrédula ante tales afirmaciones tan lejanas del modo de pensar común, continuó con una serie de ejemplos...

"Existen maestros de artes marciales que pueden combatir con los ojos vendados y derrotar sin dificultad a cualquier adversario. Alguien puede incluso lanzar una flecha y acertar con la máxima precisión en el centro de un blanco situado a varios metros de distancia, sin utilizar la vista. ¿Cómo crees que sea posible? Ningún científico de tu mundo sería capaz dar una explicación a estos fenómenos y, sin embargo, existen. Esas personas pueden ver, pero no necesitan los ojos para hacerlo."

"Probablemente, son personas con dotes particulares" - respondí - para nada convencido de esa hipótesis que acaba de improvisar.

"En absoluto. Tú también podrías hacerlo. Seguramente necesitarías un estricto y largo entrenamiento, pero no se necesitan dotes particulares de ningún tipo. Todos los seres humanos poseen estas facultades, sólo que han olvidado que las tienen."

Luego acercó su rostro al mío y bajando un poco el volumen de su voz para acentuar la solemnidad de lo que me iba a revelar, continuó diciendo:

*"La verdad es que no crees que tengas estas facultades y es precisamente tu falta de confianza la que hace que te sea imposible acceder a un nivel distinto de percepción. Estás soñando una realidad que sólo obedece a tu voluntad y tu voluntad es no recordar, al menos por ahora, que tú posees esas facultades. Eres un Dios tan poderoso que incluso puedes elegir olvidar que lo eres. Pero estás aquí para recordar y un día recordarás quién eres verdaderamente... probablemente serán necesarias otras vidas, pero llegarás a recordarlo, seguro, porque este es el objetivo, el único objetivo por el que has decidido soñar y experimentar esta realidad."*

Mientras tanto, mis ojos, que se estaban acostumbrando a la penumbra de aquel lugar, se cruzaron con la mirada penetrante del Maestro. Enseguida me di cuenta de que no era capaz de mantener esa mirada. Mis ojos se volvieron instintivamente hacia otra parte con el fin de encontrar un lugar más confortable dónde mirar. Tenía ante mí la clara evidencia de que la mirada de un hombre refleja inequívocamente el nivel de su ser interior. Mi dificultad para mantener la mirada del Maestro revelaba el inmenso abismo que existía entre nosotros dos.

O por lo menos eso creía yo. No sé si me leyó en el pensamiento o si, sencillamente, notó mi gesto instintivo de dirigir la mirada hacia otra parte, porque, enseguida, me reprendió diciendo:

"*Cualquier hipótesis que hagas respecto a tu dificultad de mantener mi mirada es una hipótesis equivocada. No existe ninguna diferencia entre nuestros seres. Cada uno manifiesta en el exterior exactamente lo que piensa ser y si tú crees que ocupas un nivel inferior respecto al mío en la escala de evolución personal, entonces, será eso lo que experimentarás. Pero no porque esa sea la verdad absoluta. Como ya te he dicho, estás creando una realidad que refleja tus creencias más íntimas.*"

Yo estaba aún reflexionando sobre lo que acababa de escuchar, cuando él continuó aumentando mi dosis:

"*Como cualquier cosa que te rodea, también yo represento sólo una proyección de tu ser y esto quiere decir que ves en mí lo que te pertenece. Mi sabiduría es tu sabiduría y el hecho de que tú la puedas notar es la prueba evidente de que existe dentro de ti, en cualquier esquina escondida y aún inexplorada, un Ser mucho más grande de lo que tú puedas imaginar.*"

Su sabiduría es mi sabiduría... ¡Asombrosa aserción! Nunca había considerado este asunto en esos términos. Había leído mucho sobre la ley del espejo, pero, a estas conclusiones, nunca había llegado. Todo el que explica esta ley, de hecho, habla de ella haciendo referencia a las características negativas que no nos gustan de los demás. Este modo distinto de interpretar la ley del Universo era totalmente nuevo para mí y el Maestro debía haberlo intuido, ya que continuó profundizando en este concepto:

*"No puedes apreciar la belleza de un paisaje o de una obra de arte, si esa belleza no existe en ti; así como no puedes percibir la sabiduría de un hombre si esa sabiduría no te pertenece. El mundo que ves, lo estás creando tú proyectando en el exterior las características de tu ser. Tienes que dejar de creer que cualquier cosa pueda existir independientemente de ti.*

*Eres la causa de tu sueño, no el efecto. Ahora sabes que un sueño no puede existir sin un soñador y de igual manera, la sabiduría que ves en otra persona, sólo puede existir como proyección de tu misma sabiduría."*

Una vez más, el Maestro me ponía frente a la idea de que estaba viviendo en el interior de un sueño. Me vinieron a la memoria varias teorías que había leído sobre la naturaleza ilusoria de la realidad que percibimos. Había leído mucho sobre la física cuántica y sabía perfectamente que a nivel microscópico la materia no existe hasta que un observador decide observarla. Antes de la observación, cada partícula existe sólo como una onda de probabilidad, por lo que me quedaba bastante claro que, el mundo, así como nosotros lo percibimos, no tiene ninguna consistencia real que sea independiente del observador. El hecho de que se tratara todo de un sueño contrastaba con la idea que yo me había hecho de la realidad, creada a través de la experiencia de los cinco sentidos.

A pesar de que nunca había examinado a fondo este argumento, dejándolo siempre entre las cosas 'curiosas' que quizás algún día analizaría, me di cuenta de que no podía evitar afrontarlo ahora. Desde el principio, el Maestro me había puesto frente a una visión del mundo totalmente diferente, basada en la noción de que la experiencia terrenal no es más que una ilusión creada por mi mente. Por lo que parece, esta idea era de fundamental importancia y sobre ella, el Maestro basaba gran parte de su enseñanza. Había meditado mucho sobre la cuestión durante los ejercicios del día anterior y me vinieron a la cabeza una multitud de preguntas para hacer al Maestro, con el fin de esclarecer, finalmente, las aparentes contradicciones que la idea de un mundo 'imaginario' ponía en evidencia.

"Maestro - intenté preguntarle - Si todo lo que veo a mi alrededor es sólo el fruto de un sueño ¿quién es el que está soñando? ¿Debería suponer que yo no existo y que sólo soy una fantasía en la mente de otra persona?"

*"Estás haciendo la pregunta equivocada - me apostrofó acompañando sus palabras con un gesto de negación con la cabeza - En este momento es tu ego quien está hablando y expresando toda su preocupación por su sobrevivencia. Cuando dices 'yo' estás hablando de una entidad que no existe. Lo que llamas 'yo' es sólo la suma de todas las experiencias que están en tu memoria, a las que te aferras desesperadamente para crear una identidad propia. Se trata sólo del engaño de tu ego que pretende hacerte creer que existes como un ser separado del resto del mundo. No existe 'el' mundo. Existe solo 'tu' mundo. Ese mundo está compuesto exclusivamente por tu pasado y existe sólo en tu memoria. Nada tiene que ver con Quién eres verdaderamente.*

*Por efecto de tu sueño has llegado a creer en una infinidad de cosas que no existen, como el concepto del yo, de lo mío, de lo tuyo, del pasado y del futuro, de lo justo o de lo equivocado. Eres prisionero de un sueño en el que sueñas cosas que no tienen ninguna consistencia real. Pero de esto ya hemos hablado en parte. Hoy deseo analizar otros aspectos del sueño."*

Seguidamente, con tono más tranquilizador, como si quisiera destacar el mensaje positivo que iba a darme, siguió diciendo:

*"Tú existes. Claro que existes, pero no de la forma que crees. Realmente tu verdadero ser no tiene ninguna forma. Tú no eres algo o alguien. Tú eres y basta. No eres ni tu cuerpo ni tu mente, porque éstos constituyen parte del sueño, siendo sólo el fruto de la ilusión que estás creando. Me has preguntado quién es el que está soñando. Naturalmente, es tu Verdadero Ser que sueña, pero no pruebes a imaginarlo, porque no es posible llegar a comprenderlo con el intelecto o la razón."*

"Maestro, es imposible no intentar imaginarlo - protesté - la mente necesita siempre algún tipo de representación para comprender un concepto. Mi Verdadero Ser lo imagino como un inmenso ser de luz, que está dentro, por encima de mí. Sé que no es la imagen correcta, pero necesariamente debo..."

Dejé enseguida de hablar porque me di cuenta de que el Maestro me estaba mirando con una expresión sorprendida, incrédulo por mi imprevista reacción a sus palabras.

Un momento después, vi en su mirada compasión por mi pequeño desahogo, pero también, su amorosa disponibilidad para comprender mi evidente frustración ante conceptos tan alejados de todo lo que creía hasta ahora.

Transcurrió algún segundo antes de que contestara. Sabía que esa pausa era para conceder a mi mente un tiempo de reflexión y permitirme encontrar la concentración necesaria para seguir escuchando sus palabras: "*No existe una imagen correcta - respondió con tono tranquilizador - si lo deseas, visualiza tu Ser, pero es importante que tú distingas entre El que observa y el objeto observado. Lo que estás tratando de visualizar es El que crea el sueño y al mismo tiempo lo observa para experimentarlo. Por lo tanto, tu Verdadero Ser es El que observa.*

*En el momento en el que trates de visualizarlo, tu mente estará obligada a ponerlo en relación con algo conocido, por ejemplo un ser de luz, como en tu caso. Es el comportamiento normal de una mente mecánica que sólo puede basarse en su pasado para comprender algo. No te lamentes por eso. Cualquier cosa que tú puedas imaginar a nivel racional, de hecho, necesariamente tiene que estar ya catalogada en tu mente, de lo contrario no podrías concebirla o visualizarla. Es algo que tiene que formar parte de tu mundo conocido, es decir, de tu pasado.*"

En efecto, razoné, lo que nunca había considerado es que todo el mundo que conozco está constituido con cosas pertenecientes a mi pasado. No puedo concebir nada sin usar necesariamente imágenes ya memorizadas en mi mente para representarlo. Por ejemplo: con piezas de Lego puedo construir, pero sólo en los límites de lo que es posible hacer con el conjunto de piezas a mi disposición.

"*El Observador no puede estar ligado al pasado - continuó diciendo el Maestro - Ya que ese pasado existe sólo en tu sueño y el Observador es un ser que vive fuera de él, más allá del tiempo y del espacio. Para poder captarlo deberías devolverlo a la mente y darle una forma, convirtiéndolo así en una de las tantas manifestaciones de tu sueño. En ese preciso instante, sin embargo, lo perderías, porque dejaría de ser el Observador para convertirse en el objeto observado.*

*Es como intentar agarrar la Luna reflejada en un charco de agua. En el momento en el que tratas de hacerlo, el agua movida por tu mano se encrespa y rompe la imagen reflejada, haciendo vano tu gesto. De tal modo descubres que el reflejo de la luna no es la Luna.*

*Por ello el Observador no puede ser observado y por eso te he dicho que no sirve para nada imaginarlo. Exactamente como ya te he dicho que hagas, para descubrir Quién eres verdaderamente, pregúntate a ti mismo y descarta después cualquier hipótesis que puedas suponer al respecto.*"

"Maestro, anoche probé a hacer este ejercicio, pero tener que descartar cualquier hipótesis me ha hecho pensar que nunca podré llegar a conocer mi Verdadero Ser" - objeté.

"*No tienes que llegar a ninguna parte, porque tú ya has llegado al destino. Ya eres tu Verdadero Ser. No puedes conocerlo, por-*

76

que el conocimiento implica que hay dos sujetos distintos, el que conoce y el conocido, pero tú y tu Verdadero Ser sois la misma cosa, sois indivisibles. El ojo no puede verse a sí mismo, así como la percepción no puede ser percibida.

Lo único que puedes tratar de hacer es sentir que eres tu Verdadero Ser. Solamente puedes silenciar la mente e identificarte con ella disipando la niebla que te mantiene alejado de la verdad, hasta llegar a percibir que no existe ninguna separación. No puedes observar tu Verdadero Ser, solo puedes serlo."

Después, acercándose a mi cara y mirándome directo a los ojos para asegurarse de que captaba toda mi atención, continuó diciendo:

"Si quieres experimentar tu Verdadero Ser, esta noche cuando hagas los ejercicios de meditación, en vez de limitarte a obtener el silencio en tu mente, dedícate a la total contemplación de ti mismo..."

Comprendí que estaba revelándome algo muy importante, por lo que le di un vistazo rápido a mi pequeña grabadora para estar seguro de que estuviera funcionando correctamente y no perdiese ni una palabra de ese maravilloso discurso.

"Observa de manera distante tus pensamientos, como si no te pertenecieran y deja que se vayan, sin juzgarlos ni retenerlos – dijo, pronunciando con cuidado las palabras - No tendrás que oponer ningún tipo de resistencia y si consigues no identificarte con tus

77

*pensamientos, verás que, poco a poco, serán cada vez menos numerosos y menos frecuentes.*

*Observa entonces el intervalo entre un pensamiento y otro y fija toda tu atención en ese breve momento de silencio. Descubrirás enseguida que tu verdadera naturaleza es el propio silencio, que está formado de pura conciencia. Conviértete en ese silencio, fúndete con él. Debes ser consciente de tu conciencia, sintiendo que esa es tu única y verdadera esencia."*

Me miraba a los ojos, atrayendo mi atención con tanta intensidad que podía anestesiar mi parte racional, a tal punto que, era imposible apartarlos de esa mirada. Parecía que hubiera abierto un canal directo hacia mi mente, a través del cual trasladaba toda su inmensa sabiduría.

*"Tienes que percibir ese estado de inmutable y silenciosa atención, que es el fondo de cualquier pensamiento que se asome a tu mente. Esa es tu conciencia, la puerta para acceder a tu verdadero ser, que existe antes e independientemente de cualquier otro pensamiento o percepción. Es la pantalla blanca sobre la cual la película de tu entera existencia se proyecta. Siéntete todo uno con ella y habrás comprendido cuál es la dirección hacia la que tienes que conducir tu búsqueda, porque esa toma de conciencia eres tú. Es la puerta a través de la cual el camino de tu despertar necesariamente tiene que pasar.*

*Te acabo de revelar cuál es el verdadero significado de la meditación. Es un regalo inestimable, aprécialo. Pocos son los que lle-*

*gan a comprender que el sabio no medita para buscarse a sí mismo, sino para serlo."*

Se quedó mirándome durante algunos interminables segundos, como si quisiera convencerse de que sus palabras se habían depositado debidamente en mi mente. Después se levantó lentamente de la silla. Tuve que esforzarme para salir de aquel estado casi hipnótico y volver a concienciarme de mi cuerpo y del lugar en el que me encontraba. Me levanté para seguirle en el interior de esa enorme sala en penumbra, caminando por uno de los pasillos existentes entre estanterías llenas de volúmenes. Podía percibir claramente todo el peso de la sabiduría contenida en esos tomos, que impregnaba de sacralidad solemne la atmósfera de aquel lugar.

¡¿Quién sabe cuál y cuánta sabiduría se encerraba en aquellos volúmenes, muchos de los cuales se habían quedado escondidos para el mundo desde tiempo inmemorial?! Noté una ligera sensación de envidia hacia el Maestro y hacia todos aquellos que como él habían tenido el privilegio de acceder a aquella inmensa riqueza. Me pregunté a mi mismo si habría bastado toda una vida para leer incluso sólo una décima parte de todos los libros sobre los cuales mis ojos posaban la mirada. Recorrida la mitad de aquel estrecho pasillo, el Maestro se paró y se volvió hacia mí indicándome con un amplio gesto de su brazo los volúmenes que nos rodeaban.

*"En este lugar se encierra una antigua sabiduría, transmitida de generación en generación, gracias al meticuloso trabajo hecho por los monjes que han habitado durante siglos en este antiguo monasterio.*

*Algunos libros están escritos en lenguas ya olvidadas que nadie es capaz de interpretar y otros están erosionados por el tiempo hasta llegar a ser totalmente ilegibles. Pero, esto no resta a esos volúmenes ni siquiera un poco de su inmenso valor. Si alguien los escribió es porque el conocimiento contenido en ellos podía ser revelado al mundo. En el preciso instante en que se escribieron, ese conocimiento se convirtió en parte de la conciencia universal, que nunca se perderá, aunque las palabras que la describan ya no sean legibles."*

En un primer momento no conseguía comprender cómo era posible lo que decía, pero recordé haber leído que, a veces, ha sucedido que un mismo invento o descubrimiento científico ha sido concebido al mismo tiempo en lugares muy alejados, por personas que jamás habían tenido contacto entre ellas. Algunos proponen, como hipótesis, la existencia de una Conciencia Global que contiene toda la sabiduría humana con la que cada uno de nosotros se halla en constante conexión, aunque sólo sea a nivel inconsciente. Esto explicaría la idea del Maestro, según la cual un concepto, una vez expresado, se convierte de manera definitiva en parte del saber común, independientemente de la disponibilidad del libro en el que se haya escrito.

Pensé que sería fascinante poder leer algo de esa inmensa biblioteca, por lo que dije: "Maestro, me gustaría tener acceso, aunque sea sólo a una pequeña parte de toda esta..."

No me dejó terminar la frase porque frunció el ceño y con un gesto de la mano, me dijo que me callara y continuara escuchándolo.

*"No te preocupes por los libros que no has leído y que nunca más podrás leer. Nunca debes preocuparte por nada, porque de esta manera negarías tu inmenso poder. Voy a revelarte una importante verdad, pero debes silenciar tu mente y dejar de intentar aplicar la razón a lo que te voy a decir.*

*Estos libros, aunque creas que nunca los has leído, los has escrito tú. El Universo entero está dentro de ti. Nunca lo olvides. Cada evento que sucede en tu vida, cada maestro que encuentras, cada libro que abres ha sido puesto a propósito en tu itinerario por tu Verdadero Ser, con el fin de que te beneficies de ello a lo largo del camino hacia la realización de tu verdadera esencia.*

*Muchos de los libros que contiene esta biblioteca ya los conoces. Desde hace tiempo son parte de tu ser, aunque estén escritos en lenguas ya olvidadas. Otros contienen informaciones que no te serían de ninguna ayuda en este momento, ya que no podrías apreciarlas a nivel racional. No te preocupes de los libros que no leas o de los maestros que no encuentres. Has diseñado todo impecablemente para leer solo los libros justos en el momento adecuado con el único fin de aumentar tu toma de conciencia."*

Seguramente mi expresión estaba trasluciendo la extrema dificultad que tenía para creer en esas palabras, pues continuó diciendo: *"Si los reniegas, negarás tu poder, ya que cada pensamiento tuyo, cada creencia tuya es ley absoluta e inviolable para el Universo, sólo obtendrás como resultado la imposibilidad de acceder a ese poder y manifestarlo. Recuerda, tuyo es el poder, incluso el de ignorar tenerlo."*

¿Yo había escrito todos esos libros? No conseguía entender del todo lo que quería decir con esa frase. Estaba totalmente confundido, pero tal y como me había dicho el Maestro, evité usar la racionalidad para explicar algo que evidentemente iba más allá de cualquier razonamiento lógico. Entonces le solicité al Maestro leer algo sobre el tema, para tener un texto sobre el que reflexionar y poder preguntarle al día siguiente.

*"Sabía que me pedirías leer algo que estuviera relacionado con lo que te estoy diciendo. Tu mente está confundida y busca cualquier punto de apoyo al que sujetarse para restaurar las cosas dentro de los esquemas habituales. Lo que te estoy diciendo, de hecho, no forma parte de tus experiencias pasadas, al menos no todavía."*

*"El camino hacia la realización del propio Ser - siguió diciendo - necesariamente tiene que pasar a través de la anulación del propio pasado y lo que te digo tiene como fin derribar en tu mente todo lo que forma parte de tu mundo conocido. Acepta la aparente confusión, no la resistas, porque sólo a través de la misma podrás construir una nueva conciencia. No puedes levantar un nuevo edificio sin derribar antes el viejo que ocupa el terreno. Este es el ca-*

mino. *Pero, comprendo tu confusión. Sígueme y te daré lo que has pedido."*

Caminó a lo largo de un estrecho pasillo y yo lo seguí sin rechistar, alegrándome por la concesión que el Maestro iba a otorgarme. Llegamos ante una estantería cubierta de polvo de la que tomó un pequeño libro con una cubierta rígida de color marrón, atado con un lazo de cinta roja. Sopló delicadamente para limpiarlo del polvo que se había depositado en él.

*"No lo abras hasta que llegues a tu habitación - me advirtió mientras me entregaba el libro - probablemente su contenido te asombrará, pero prueba a recordar lo que nos dijimos en esta biblioteca y quizás conseguirás comprender. Ve ahora a realizar tus ejercicios de meditación. Nos vemos esta noche para cenar junto a los demás discípulos."*

Dicho esto, hizo una pequeña reverencia con la cabeza y con su brazo me indicó la dirección hacia el gran portal de la biblioteca. Se quedó inmóvil en aquella posición, con la cabeza hacia abajo, haciéndome comprender que nuestro encuentro de aquella mañana podía considerarse concluido. Devolví la reverencia y lentamente me encaminé hacia la salida, estrechando en el pecho con ambas manos el maravilloso libro que acaba de recibir en donación.

# El libro justo en el momento justo

*"Ante un libro no tenemos que preguntarnos lo que dice, sino qué es lo que quiere decir."* - Umberto Eco

Agotado, me dirigí a paso rápido hacia las escaleras que conducían al dormitorio. Subí los peldaños de dos en dos a gran velocidad, a pesar de que las sandalias y el largo hábito no me ayudaban en los movimientos. No despegué un sólo instante el libro de mi pecho. Lo mantuve pegado a mí con las dos manos hasta que llegué a mi celda. Apenas entré, noté con sorpresa que, aunque no fuera la hora del almuerzo, en la mesa había un cuenco con algo caliente y humeante y a su lado algo de fruta. Pensé que, evidentemente, el Maestro había dispuesto que se llevara la comida a mi habitación para que pudiera leer con tranquilidad y hacer las debidas meditaciones diarias sin tener la necesidad de salir a comer. En aquel momento, sin embargo, no tenía mucha hambre, pero sí muchas ganas de leer aquel libro, por lo que decidí ignorar la comida. Más tarde comería con calma.

Si el Maestro me había concedido poner las manos sobre aquel libro, pensé, evidentemente había considerado

85

que su contenido era realmente importante para mí. Recordé que en la biblioteca de aquel monasterio estaban encerrados conocimientos a los que ningún hombre occidental nunca antes había accedido y que yo era el primero que tenía ese inmenso privilegio. Algo que algún día podría contar a mis nietos, pensé con orgullo. Nervioso como un niño que se encuentra delante de un regalo que va a desenvolver, comencé a desatar el nudo que tenía atada la cinta, preguntándome, mientras tanto, en qué idioma estaría escrito el libro. Extrañamente, sobre la cubierta no había ningún título o señal que pudiera ayudarme en tal sentido. Presupuse que, seguramente, estaría escrito en inglés o en cualquier otra lengua occidental. De hecho, el Maestro sabía perfectamente que no habría podido leer textos en lengua oriental y aún menos, si estuviera escrito en extraños ideogramas, para mí incomprensibles.


Finalmente conseguí desatar el nudo y abrir el libro. Las primeras páginas estaban totalmente en blanco... Ok, me dije, antes se solía insertar algunas páginas en blanco al principio de los libros como parte del proceso de encuadernación manual. Continué hojeándolo a la búsqueda de la primera página para leer, pero, nada. Todas estaban totalmente en blanco. Revisé rápidamente todas las páginas moviendo el pulgar sobre el borde lateral del libro. Lo repetí varias veces con la vana esperanza de encontrar por lo menos una página que contuviera algo escrito. Absolutamente nada. El Maestro me había entregado un libro completamente en blanco.

¿Qué habría querido decirme con aquel libro vacío? - pensé - ¿cuál era el mensaje? admitido que hubiera un mensaje que entender. Me acordé de que el Maestro me había dicho una frase relacionada con su contenido cuando me entregó el libro. Cogí mi pequeña grabadora portátil y busqué el audio del momento exacto en el que recibí el libro de sus manos. Las palabras del Maestro habían sido: *"... probablemente su contenido te asombrará, pero recuerda lo que nos hemos dicho en esta biblioteca y quizás conseguirás comprender"*. ¿Qué quería decir con aquella frase? ¿Quizá tenía que ver con el hecho de que, según el Maestro, yo era el autor de los libros presentes en aquella biblioteca? Pero, en este caso, ¿qué tenía que ver un libro totalmente en blanco? Un libro sin contenido no necesita ningún autor. Estaba totalmente confundido y por mucho que trataba de descifrar el significado oculto de ese libro en blanco, no conseguía llegar a ninguna conclusión que tuviera sentido.

Quizás el problema era ese. Varias veces, el Maestro me había advertido que no usara la razón para comprender sus enseñanzas. Sin embargo, era eso precisamente lo que estaba haciendo en aquel momento. Me estaba aferrando a la mente racional, el único recurso que, por lo menos aparentemente, creía que tenía a mi disposición en aquel instante para resolver el problema. A estas alturas había entendido, gracias a las enseñanzas del Maestro, que la mente no puede formular hipótesis basándose en lo que ya contiene la memoria. Ese libro en blanco y el esfuerzo de encontrarle un significado, me estaban demostrando de manera evidente cuánta razón tenía el Maestro. Nada de nuevo puede emerger de la remodelación de cosas pasadas. Mi experiencia subyacente no servía para nada frente a una situación que rompía de forma inequívoca todos los esquemas habituales con los que la mente está acostumbrada a razonar.

Dado que el libro no contenía nada que leer y visto que, sin embargo, yo me había comprometido a efectuar las tareas que me había indicado, no me quedaba más remedio que ocupar el tiempo de la manera más proficua posible, haciendo los ejercicios de meditación. Recordé que el Maestro me había sugerido que analizara siempre mis sensaciones y que observara con desapego la mente para ser lo más consciente posible de sus mecanismos interiores. Y eso decidí hacer aquella tarde. Empezar a practicar ese trabajo de particular introspección. Comí rápidamente lo que encontré sobre la mesa. Seguidamente, me senté sobre la cama en una posición cómoda y, con los ojos cerrados, comencé a observar mis pensamientos con desapego, dejándolos fluir sin ninguna interferencia, exactamente como me había sugerido el Maestro.

La mente, como quizás era lógico que fuera, volvió inmediatamente con el pensamiento a aquel libro en blanco, tornando a formular, en modo mecánico, la hipótesis sobre su significado real. Reparé en cómo la mente busca inútilmente sacar conclusiones lógicas de los datos que tiene a su disposición. Este mecanismo, natural y extremadamente útil en las situaciones en las que se debe tomar una decisión sobre la base de hechos conocidos, resulta totalmente ineficiente en todos los casos en los que las características del problema que hay que afrontar no encuentran explicación en el interior de las experiencias vividas. Lo que sucede es que, no teniendo normalmente un control sobre los mecanismos que saltan en nuestra mente, tendemos a dejarla ir en modo totalmente automático y, es normal, por lo tanto, que terminemos por aplicar siempre los mismos esquemas de pensamiento, incluso cuando esta estrategia no puede llevar a ningún resultado concreto.

Aunque aún no tuviera la más remota idea del significado real de ese libro en blanco, seguramente estaba aprendiendo a observar con desapego lo que sucedía en mi interior frente a una situación inusual y a apreciar la eficacia de este útil ejercicio. Es increíble cuántas cosas se descubren cuando se empieza a observar con desapego la propia mente y cómo se comprende el absoluto automatismo, efecto del profundo adormecimiento en el qué estamos constantemente sumergidos. A través de esa experiencia me di cuenta de lo imposible que es comprender lo que significa estar "despierto", por lo menos hasta que no se prueba la experiencia de la presencia, obtenida a través de la observación emancipada de la propia mente. Entiendes que lo que llamamos el estado normal de "vigilia" no es más que un estado de profundo adormecimiento. En ese estado, es imposible escuchar las señales que proceden de nuestro Verdadero Ser. La observación con desapego y la meditación, por lo tanto, representan el único modo para calmar la mente y atenuar el ruido de fondo, de manera que la inmensa sabiduría de nuestra esencia divina pueda emerger y hacerse oír de la forma en que sabe hacerlo, es decir, a través de intuiciones, sensaciones, premoniciones...

Cuando se comprende la importancia y el poder derivado de la auto-observación, se abre el camino a un nuevo modo de usar la mente. Entiendes que puede volverse tu mejor aliado, representando el puente de conexión hacia tu Yo Superior, que, en definitiva, es lo que verdaderamente eres. Una comprensión que, realmente, puede cambiarte la vida.

Después de todo, pensé, ese aprendizaje era ya un gran resultado y no me asombró descubrir que el inducirme a hacer un trabajo de introspección era, si no lo único, por lo menos uno de los motivos por los que el Maestro me había regalado un libro totalmente en blanco aquella mañana.

Las horas que me separaban de la cena transcurrieron rápidamente. Durante la meditación, la cognición del transcurrir del tiempo es muy distinta respecto a la que se tiene durante el estado normal de vigilia. Cuando se está completamente sumergido en cualquier actividad que ocupa totalmente la mente, de hecho, el tiempo parece que corre con mayor rapidez y el aburrimiento, en esos casos, es sólo un concepto abstracto.

No sabría decir dónde, pero recuerdo haber leído en algún sitio que el tiempo empleado en meditar disminuye notablemente el proceso de envejecimiento del cuerpo. Es como si tuviera lugar una suspensión momentánea del inexorable transcurrir del tiempo. ¡Quién sabe!, pensé, quizás ese es uno de los motivos por los que los monjes tibetanos viven, por término medio, hasta edades muy avanzadas.

Finalmente había llegado la hora de la cena. Comencé a prepararme para bajar a la gran sala del monasterio. Estaba verdaderamente impaciente por encontrar de nuevo al Maestro y preguntarle cuál era el significado de ese libro en blanco. Dentro de poco tendría la ocasión de hacerlo.

Bajé las escaleras y me dirigí a la habitación destinada al convivio, situada en un local junto a la sala central, a la que se accedía pasando por un gran arco variopinto decorado por innumerables figuras sagradas e ideogramas. En la sala había cuatro filas de mesas colocadas en paralelo, de unos veinte centímetros de altura, de modo que sólo era posible sentarse, con las piernas cruzadas, sobre los grandes cojines color púrpura que estaban situados a ambos lados de cada mesa.

Había continuas idas y venidas de jóvenes monjes que traían una multitud de cuencos llenos de cosas buenas, que contenían "todo bien de Dios": arroz, legumbres, vegetales de todo tipo, sopas humeantes y bandejas llenas de frutos, tanto frescos como secos. Es decir, una verdadera fiesta, tanto para los ojos como para el paladar. Aún, ningún monje se había acomodado en las mesas, por lo que me quedé de pie en una esquina de la sala observando y tratando de no obstaculizar el movimiento de quienes estaban trayendo los platos.

Una vez más, pude notar la expresión de júbilo en los rostros de todos los monjes presentes en aquella sala. Evidentemente aún no me había acostumbrado, visto que continuaba reparando en ello. Pensé que esa era una noche como tantas otras. Una cena normalísima, como cualquier otra de las que se consumía cada noche en aquel monasterio, con las mismas personas, en los mismos lugares y en las mismas circunstancias de siempre. Nada de especial. Eso es, ahora sabía que la llave de todo residía precisamente en aquellas palabras casi mágicas: *nada de especial*. No es necesario nada de especial, de hecho, para ser felices. Esos monjes sonrientes eran la prueba tangible de cuán verdadero era lo que me había enseñado el Maestro. Y ahora sabía incluso algo más: la felicidad, la verdadera felicidad, la pura, la que nace del corazón, es contagiosa.

Habían sido suficientes sólo dos días de permanencia en aquel monasterio para cambiar de modo radical mi estado de ánimo. No sé si la causa estaba en los discursos iluminantes del Maestro o en la atmósfera serena de ese monasterio o en las meditaciones que hacía cada tarde o tal vez más bien, en todas ellas juntas; pero había algo en mí que estaba cambiando de manera permanente e irreversible. Percibía claramente que ya no sería el de antes. Una parte de mí estaba muriendo para dejar espacio a una persona totalmente nueva, que miraba la vida con ojos distintos. El pensamiento constante, inducido por las enseñanzas del

Maestro, de que todo era una simple ilusión, hacía que entendiera que la vida es sólo un bellísimo juego y que mi deber era el de disfrutar de ese carrusel y hacer emerger, de manera natural, la felicidad que está dentro de mí. Quizás aún no había llegado al punto de sentir una felicidad incondicional, pero, la paz mental y la nueva visión del mundo que aquellos días me habían regalado, los consideraba ya un gran resultado por el que estar agradecido.

De repente, todos los presentes se pararon, independientemente de lo que estuvieran haciendo y de dónde se encontraran. No entendía lo que estaba sucediendo; sin embargo, mi desconcierto desapareció cuando vi entrar en la sala al Maestro seguido por un grupo de monjes, que creo que eran los mismos que la mañana anterior estaban desayunando con él en la gran sala. El Maestro se sentó en el centro de la primera de las cuatro mesas para no dar la espalda a ninguno de los comensales presentes. Poco a poco, de manera muy ordenada, todos los monjes comenzaron a sentarse, aparentemente sin ningún orden o regla predeterminados. Yo seguí de pié en mi esquina, esperando saber dónde acomodarme. De nuevo me sentí un poco incómodo, debido, principalmente, al hecho de que no sabía si podía elegir libremente un sitio cualquiera o si tenía que esperar a que alguien me diera indicaciones. Inmediatamente, mi mente evocó las palabras que el Maestro dijo en ocasión de nuestro primer encuentro. Me di cuenta de que esa desazón era debida, sólo, al trabajo frenético de mi mente que trataba de alejarse de un estado de malestar totalmente imaginario, fruto únicamente de inútiles e insensatas elucubraciones mentales. Por lo tanto, respiré profundamente y observé con desapego mis pensamientos, según me había enseñado el Maestro, con el fin de encontrar enseguida la correcta calma mental.

Tuve la ulterior confirmación de que me estaba preocupando sin ningún motivo real cuando, a mitad de mis elucubraciones, uno de los monjes sentados al lado del Maestro levantó un brazo para atraer mi atención y me hizo un gesto para que fuera a su mesa. El sitio frente al Maestro estaba libre y entendí, con inmensa felicidad, que allí me acomodaría. En cuanto me senté sobre el cojín, tras una señal del Maestro, todos los comensales pusieron las manos juntas a la altura del rostro y, bajando ligeramente la cabeza hasta tocar con la frente sus dedos, se quedaron inmóviles en aquella posición. No entendiendo bien lo que estaban haciendo, me apresuré a imitar sus gestos, teniendo parcialmente abierto uno de mis ojos para ver lo que hacían y actuar en consecuencia.

Supuse que aquello debía ser el rito de agradecimiento por la comida que íbamos a tomar y que, probablemente, los monjes recitaban mentalmente un mantra o una oración; pero esto no lo pude confirmar, ya que evité hacer preguntas al respecto. El rito de agradecimiento de la comida es algo que se practica, aunque de manera distinta, en casi todas las religiones y encontrarlo también allí, en las laderas del monte más alto y aislado del mundo, me hizo pensar que sus orígenes debían ser verdaderamente antiguos, incluso más que las mismas religiones que lo practican. Era otra prueba evidente del hecho de que la gratitud es un acto de una potencia inaudita, que confirmaba todo lo que el Maestro me había enseñado al respecto.

Terminada la oración de agradecimiento, empezamos a cenar y dado que no veía la hora de conocer el significado del libro en blanco que me había regalado esa mañana, enseguida le interpelé:

"Maestro, esta tarde he abierto el libro que me usted me ha dado, pero he descubierto con gran asombro que contiene sólo páginas en blanco. Me pregunto cuál es el significado de ese libro..."

El Maestro acercó su cuenco al monje que estaba a su derecha, pidiéndole que le sirviera arroz. Seguidamente, levantando los ojos hacia mí, respondió: *"No te quedes en las apariencias. Ese libro contiene más información de la que puedes imaginar. Tienes que aprender a mirar más allá del velo de tu mente racional para poder percibir el verdadero significado de las cosas. Cada objeto, palabra o evento no son más que la representación simbólica de un concepto más profundo, cuyo significado va más allá de lo que la mente puede ver a través de los ojos. Crees que vives en un mundo hecho de cosas o personas, pero en realidad estás viviendo en un universo hecho de símbolos. Ese libro en blanco es uno de esos símbolos."*

"Maestro, le ruego -respondí- dígame cuál es el mensaje escondido en ese libro. Llevo toda la tarde pensando en ello, pero no he conseguido encontrar ninguna explicación lógica."

*"Ese libro está ahí para poner frente a tus ojos tu costumbre de crear expectativas. Las expectativas son el resultado de tu propensión a dar por obvias muchas cosas. Esta mañana diste por descontado el hecho de que tu conocimiento puede ser ampliado gracias a la lectura de los libros que había en aquella biblioteca. Sentí tu fuerte inquietud ante la posibilidad de acceder a ese inmenso saber y el convencimiento de que tu crecimiento personal pudiera derivar de la acumulación de nuevos conocimientos. Sin embargo, no te das cuenta de que empezarás a crecer, sólo, cuando pongas en cuestión todo lo que ya crees que sabes.*

*Vives en un mundo ilusorio en el que eres el único artífice del sueño que estás soñando, pero incluso conociendo esta verdad, no consigues salir de él. Entre los seres durmientes existen dos categorías de personas: una, son aquellas, la mayor parte, que se debaten en el sueño para demostrar con todas sus fuerzas la veracidad de su mundo ilusorio. Son las destinadas a fracasar, ya que no es posible hacer pasar por verdadero lo que no lo es.*

*Otra, son las personas que, como tú, han intuido que quizá están viviendo una ilusión creada por ellas mismas y se debaten en el sueño a la búsqueda de pruebas y resultados que demuestren su intuición. También estas personas están destinadas a fracasar, ya que buscan la verdad en el exterior, en los libros o en algún gurú. Nunca llegarán a ninguna parte, porque esos libros y esos gurús forman parte también del sueño. Recuerda siempre que eres el origen de todo y que tú eres el que decide cuál es tu verdad. Este es el gran secreto. Cuando finalmente todo te sea claro, reirás a carcajadas espontáneamente, rememorando el tiempo en el que luchabas inútilmente en la búsqueda de la "verdad". Ese libro en blanco te ha puesto ante tus ojos cuán ilusorio es tu mundo, hecho de falsas convicciones y sus consiguientes e inútiles expectativas, que puntualmente te desilusionarán tal y como te ha desilusionado ver que ese libro, del que te esperabas grandes revelaciones, no contenía nada.*

*Tienes que comprender que el sufrimiento, ese "mal de vivir" que a menudo aflora en tu mente, deriva solamente de tus necias convicciones y de sus correspondientes expectativas. Abandónalas y te sentirás más ligero, como si hubieras dejado caer un pesado lastre que está sobrecargando tu existencia. Ese lastre está compuesto por tu pasado, que se materializa a través de creencias y expectativas que nunca podrán encontrar ningún resultado en la vida real, volviéndote ciego e impidiéndote el acceso a la verdad última, la sola y única que puede darte la felicidad. Todas las respuestas están dentro de ti, porque tú eres la Verdad, nunca lo olvides."*

Eliminar las expectativas, por lo tanto, para eliminar el sufrimiento. El Maestro conseguía asombrarme siempre. Nunca habría podido deducir esta regla importante de vida sin que me la hubiera mostrado con la ayuda de ese libro en blanco. En ese punto, le pregunté espontáneamente: "¿Si yo soy el origen de todo y todas las respuestas están dentro de mí ¿por qué siento la gran necesidad de leer libros y de seguir la enseñanza de los maestros?"

"El problema es que has dejado de hacerte preguntas, precisamente a causa del hecho de que das por descontado muchas cosas. Suponer que ya tienes las respuestas te hace pensar erróneamente que no deberías plantearte preguntas, creyendo que son superfluas. Desde que eras pequeño has aprendido a suprimir la voz de la verdad procedente de tu ser e incluso, en los raros momentos en los que te interrogas, no escuchas la respuesta. Tu mente está perennemente ocupada en hacer razonamientos lógicos para extraer conclusiones partiendo de falsos presupuestos que crees reales. Esos razonamientos, sin embargo, no pueden darte ninguna respuesta porque están impregnados de tu pasado, del que no puede emerger nada de nuevo. Ese mecanismo roba constantemente tu atención dirigiéndola hacia el exterior, alejándose así de la verdad última.

La única respuesta verdadera puede llegar solo de tu Verdadero Ser. Pero para encontrarla tienes que silenciar tu mente y escuchar tus sensaciones. De esta manera se leen los libros y se escucha a los maestros: libera tu mente y oye tus sensaciones. Ellas serán las que te indicarán si lo que estás leyendo o escuchando es verdaderamente lo que estás buscando. La verdad, ya la conoces, pero tienes que escuchar las tenues señales que proceden de tu ser para poder reconocerla.

Recuerda lo que te dije en la biblioteca esta mañana: eres tú el autor de todos esos libros. Leer libros y escuchar a los maestros no sirve para aprender, sino sólo para recordar cosas que conoces desde siempre. Tan sólo eso hará que vibre tu Ser. Aprende, por lo tanto, a reconocer estas señales."

El discurso del Maestro me quedaba bastante claro, pero quise reiterar el motivo por el que esa mañana le había dicho que quería leer algo de esa biblioteca en un intento de ofrecerle una justificación plausible a mi insistente petición... "Le he dicho que quería leer algún libro, Maestro, porque usted mismo me aseguró que en la biblioteca del monasterio están custodiados conocimientos transmitidos desde hace siglos y conservados gracias al meticuloso trabajo de recopilación de los monjes..."

El Maestro insinuó una sonrisa, evidentemente divertido al ver que yo quería justificar mi petición a toda costa.

*"Calma tu mente - me dijo - y trata de entender que sólo estás buscando un motivo racional para una necesidad del alma. Tengo bien claro el motivo de tu petición, mientras que tú no consigues atribuirle el verdadero significado. Es la sed de descubrir tu verdadera naturaleza la que te ha llevado a emprender este viaje. Ese impulso incontrolable de querer saber siempre más deriva esencialmente del empuje ejercido por tu Verdadero Ser, que tiene como único fin el de volver a sus orígenes para comprenderse a sí mismo. No tienes nada que justificar y no tiene tampoco ningún sentido que opongas resistencia. Sólo tienes que alegrarte de ello y secundar esas ganas, saboreando en cada momento la belleza de este fantástico viaje y la felicidad infinita que deriva del mismo.*

*Abandona todo impulso que te lleve a decidir cuál será tu próximo libro o maestro, ya que ellos se manifestarán de manera espontánea. Cada uno de ellos será exactamente el que te sirva en ese preciso instante para facilitar tu crecimiento. Esta regla vale para cualquier evento de tu vida. La felicidad sólo puede derivar de la renuncia a querer controlar, a toda costa, lo que sucede."*

"Maestro - repliqué - he entendido que no tiene ningún sentido tratar de controlar los eventos de la propia vida, pero esto me hace sentir impotente ante los acontecimientos. Si soy un ser divino, supongo que yo puedo influir de cualquier manera en los eventos de mi vida, eligiendo experimentar lo que más deseo. Recuerdo su discurso en relación al libre albedrío que, según sus enseñanzas, se traduce en la libertad de elegir dónde poner la propia atención con el fin de adquirir experiencia de la misma. ¿Cómo se conjuga esto con la renuncia a querer controlar las cosas?"

*"Depende de qué tipo de control quieras aplicar - me contestó - Puedes ejercer el libre albedrío, es tu derecho divino, pero esto no quiere decir controlar, sino tomar una decisión. Escucha con atención: tu deber es declarar tu decisión y después asegurarte de que estás listo para llevarla a cabo".* Dicho esto, se tomó una pausa y me miró fijamente a los ojos, quizás para cerciorarse de que hubiera comprendido el verdadero significado de lo que acababa de decirme.

¿Asegurarme de que esté listo? No me quedaba nada claro...

*"Probablemente esto es fácil de entender en lo que se refiere a lo que aprendes, porque ya sabes que, una vez tomada la decisión de emprender un camino de crecimiento personal, entrarás en contacto sólo con aquellos libros y maestros que estés preparado para*

100

*recibir. Sin embargo, la validez de esta regla se te escapa en lo que concierne a todos los demás eventos de tu vida. Cuando tomas una decisión, también ocurre, solamente, lo que estás listo para aceptar. Esto vale para cualquier evento, sea bueno o malo."*

Era tan evidente para el Maestro que yo seguía sin entenderlo que continuó diciendo:

*"Existen dos niveles de realidad: uno material, que corresponde a lo que experimentas con los cinco sentidos y otro inmaterial, hecho de vibraciones que generan formas de pensamiento y que son la verdadera y única causa de lo que se manifiesta en el primero. Sólo puede manifestarse en el primer nivel lo que en ese momento está alineado a tu vibración en el segundo nivel. Eso es lo que quiere decir estar listo. La alineación puedes obtenerla voluntaria o involuntariamente. De forma involuntaria es como ocurre en el caso de tu crecimiento personal, donde tu punto de atracción está determinado, sólo, por tu nivel de crecimiento en ese momento. Esto sirve para cualquier evento que desees hacer presente en tu vida. Puedes elegir qué experiencia estás listo para recibir, simplemente alienándote con la forma de pensamiento correspondiente.*

*Prepararse significa elegir "ser" lo que quieres experimentar. Debes fusionarte con el mundo que quieres experimentar. No existe otra regla."*

"Perdone, Maestro, sigo sin entender - objeté - porque, según mi interpretación, elegir lo que se desea experimentar significa, a fin de cuentas, intentar ejercer el control..."

101

"*Elegir ser es muy diferente de tratar de controlar - me contestó, haciendo un gesto de negación con la cabeza - Es evidente que esta diferencia no te queda clara y este es el motivo por el que no consigues entender lo que te estoy revelando. "Elegir ser" se basa en la existencia previa de un deseo, ese que tú simplemente expresas "eligiendo" ser lo que quieres experimentar mientras aceptas lo que ya existe como el resultado de una elección tuya anterior. Sin embargo, tratas de ejercer el control cuando rechazas lo que ocurre en el aquí y ahora e intentas modificar a través de la acción lo que no te satisface. Este tipo de control es imposible de lograr y cualquier tentativa en tal sentido estará destinada inexorablemente a fracasar.*

*Mira, estás delante de una mesa repleta de una enorme variedad de platos y eres libre de elegir lo que te guste. La conciencia de poder elegir lo que desees no hace que aparezca en ti la necesidad de lamentarte por la presencia de platos que no te agradan. Así sucederá con los eventos de tu vida cuando finalmente comprendas tu enorme poder de decisión.*

*Sin embargo, ese poder no podrás ejercerlo hasta que no comprendas que, elección y control no actúan en el mismo nivel. Ejerces tu elección cuando obras en el segundo nivel, el inmaterial. Tratas de ejercer el control, sin embargo, cuando actúas en el primer nivel, con la ilusión de poder modificar de cualquier manera lo que ya se ha manifestado. Esto es lo único que tienes que tener en cuenta sobre los mecanismos de creación de la realidad, nada más.*"

No puede haber control, por lo tanto, cuando se ejerce una elección y al mismo tiempo se acepta todo lo que es ya un hecho. Extraordinaria explicación. Estaba muy inquieto, ya que percibía que el Maestro me estaba revelando los mecanismos más íntimos a través de los cuales creamos nuestra realidad. Finalmente, una explicación ulterior más clara y sensata de lo que había podido leer hasta entonces de la que, en occidente, llamamos ley de atracción.

Mientras tanto, dado que la cena había terminado, el Maestro se levantó y se dirigió a la otra sala, seguido por los monjes que le habían acompañado a su llegada. Yo también me levanté para seguirlo e intuí que la noche concluiría tomando té, sentados sobre grandes alfombras, en medio de la gran sala de oraciones.

# El despertar

*"Despierta. Eres testigo de tus pensamientos. Tú eres el que observa, no lo que observas." - Buda*

En la gran sala había varias teteras humeantes, rodeadas cada una de ellas por una decena de cojines y colocadas en el centro de otras tantas alfombras desplegadas en varios puntos de la estancia, Estaba convencido de poder continuar la conversación con el Maestro, por lo tanto, lo seguí, esperando sentarme a su lado. No habría renunciado a ello por nada en el mundo, sobre todo considerando el hecho de que había recorrido miles de kilómetros para estar allí, para escuchar sus maravillosas enseñanzas. Una vez más, mi mente estaba preocupándose sin motivo alguno, ya que en cuanto el Maestro se acomodó sobre uno de los cojines, me hizo un gesto para que me sentara a su lado. Naturalmente, no esperé a que lo repitiera dos veces.

Inmediatamente, un joven discípulo se acercó, tomó la tetera y, comenzando por el Maestro, echó té en el cuenco que estaba frente a cada uno de los presentes. Quedé gratamente sorprendido por su gestualidad, muy cercana a un verdadero ceremonial. Antes y después de verter el té, hacía una pequeña reverencia al invitado de turno, sonriendo y manteniendo una clara expresión de felicidad en su rostro. Aunque fuera un verdadero placer mirarlo, me sentía un poco incomodo por el hecho de que me sirvieran y reverenciaran de aquella manera, por lo que pregunté al Maestro la razón de ese particular rito.

*"Aleja de tu mente cualquier conclusión apresurada sobre el significado de lo que estás observando. Los discípulos de este monasterio están aprendiendo que no hay ninguna separación entre el propio ser y el mundo que los rodea. Realizan estos actos de cortesía con absoluta alegría, convencidos de que cualquier acto de amor hacia el prójimo, en realidad, es un acto de amor hacia sí mismos. La felicidad que ves en sus ojos deriva de saborear, instante por instante, la pertenencia a un enorme diseño divino, del que saben que son una parte integrante e insustituible. A través de estos gestos de amor puro hacia el prójimo, el discípulo aprende a amarse a sí mismo y reconoce su naturaleza divina reflejada, también, en los demás. La reverencia que demuestran no es más que un reconocimiento de la esencia divina que impregna la entera Creación."*

Iba a agradecer al Maestro por haberme dado esa exhaustiva explicación, pero, no tuve tiempo de hacerlo ya que continuó diciendo:

*"Tu alma ha percibido la espontaneidad del don y se ha alegrado al reconocer en él un auténtico acto de amor. Esto ha hecho que te sintieras bien durante un instante, pero enseguida tu mente se ha entrometido para hacer aflorar el sentimiento de culpa, enterrado en tu inconsciente. Desde que eras pequeño, te han acostum-*

brado a no recibir y esto hace que te sientas a disgusto cada vez que recibes un gesto de cortesía de parte de alguien.

Si quieres que la abundancia entre en tu vida, tienes que aprender a recibir y a saborear toda la felicidad que deriva de la misma. Para conseguirlo, sin embargo, tienes que eliminar el sentimiento de culpabilidad que han inoculado en tu ser desde tu más tierna edad. Lograrás hacerlo sólo cuando seas capaz de amarte a ti mismo incondicionalmente. Esto es lo que los discípulos aprenden a hacer con estos ejercicios. Tus ojos ven un discípulo que sirve té, mientras que un sabio ve un intercambio de amor infinito en el que, quien dona recibe mucho más de lo que da. El discípulo conoce esta ley, pero sabe también que el amor no puede aprenderse en los libros. El amor incondicionado hay que practicarlo."

Al pronunciar la última frase levantó el dedo índice y me miró fijamente a los ojos de manera severa, como avisándome de que debía considerar de fundamental importancia la práctica del amor incondicional. Nuevamente, el Maestro ponía extremo énfasis en la exigencia de practicar lo que se desea aprender. La lectura de los libros, según sus enseñanzas, sí es importante, pero se acaba en sí misma si no se obtiene experiencia a través de la práctica.

Una vez más comprendí que cualquier episodio en aquel monasterio, incluso el más insignificante, representaba una valiosa ocasión para recibir alguna enseñanza. Estaba feliz por estar allí y ahora me daba cuenta de que el gran malestar que sentí en los primeros momentos y las iniciales ganas de escapar eran lejanos recuerdos, casi como si ya no me pertenecieran. Ahora, sin embargo, estaba interesado en continuar la conversación con el Maestro sobre la abundancia y cómo conseguirla en la vida. Entonces, aproveché la ocasión para preguntar:

"Maestro, Usted ha dicho que para atraer lo que deseo, antes tengo que resolver mis sentimientos de culpa. Comprendo el concepto y estoy de acuerdo sobre la importancia de saber recibir sin sentirse culpable. También ha dicho que hay que estar listos para ello, alineándose con los propios deseos. ¿Basta esto para atraer la abundancia? ¿Puede explicar mejor el concepto?"

"*Sabía que, antes o después, me harías de nuevo la pregunta* - contestó el Maestro, moviendo la cabeza e insinuando una pequeña sonrisa - *el frenesí de los occidentales es acumular bienes terrenales con la absurda convicción de que la felicidad pueda derivar de la posesión de cosas materiales. Gran parte de vuestra literatura está sobrecargada de promesas de este tipo. En cierto modo, todo eso ha sido un bien, ya que ha atraído a muchas personas hacia un camino de crecimiento, apoyándose en el ansia de alcanzar la felicidad a través de la posesión de cosas materiales.*

*El Gran Diseño contempla la utilización de cualquier medio, incluso la de aquellos aparentemente menos "puros" y "espirituales", para iniciar al mayor número de personas en este largo camino del despertar. Los que están listos, sin embargo, se dan cuenta, durante el camino, de que el verdadero objetivo es otro y entonces comienzan a dirigirse hacia la única verdadera meta, que es el descubrimiento de la propia naturaleza divina. No se puede pedir,* a quien no está preparado, que renuncie a sus deseos terrenales, ya que el apego es una etapa fundamental del camino. No hay que fingirse "iluminados" ni suprimir forzosamente los propios deseos. Se puede empezar a subir una escalera solamente partiendo del peldaño más bajo.

Por tanto, entiendo tu pregunta y quiero revelarte una cosa muy importante al respecto..."

Interrumpió momentáneamente la conversación para tomar un sorbo de té. Yo me quedé con la boca abierta, esperando que continuara, atento como un niño que escucha una bellísima fábula...

Tras haber dejado la taza, comenzó de nuevo a hablar: "Todos los que creen que pueden "atraer" a sí mismos eventos o cosas o "crear" la propia realidad, cometen un grave error, ya que pierden de vista la verdadera naturaleza del mundo. Ya te he explicado que el Universo entero está dentro de ti, aunque siempre lo has visualizado sólo en términos espaciales, imaginándote grande como todo el Universo. Pues bien, esta afirmación vale también para el tiempo, porque también él se genera en tu mente y por tanto forma parte de la misma ilusión. Eres un ser inmenso que contiene en sí mismo el Universo, el pasado, el presente y el futuro. Esto quiere decir que cualquier evento que tú puedas imaginar existe ya dentro de ti. Es por eso que no tiene ningún sentido que pienses que tienes que "atraerlo" o "crearlo".

Si crees que tienes que atraer hacia ti la realidad, estás afirmando que estás separado de ella. Esta afirmación es una orden al

*Universo, pero, el problema es que no puedes tener el control de lo que crees que está separado de ti."*

Sencillamente desconcertante. Gracias a las palabras del Maestro descubrí que las decenas de libros que había leído hasta ahora sobre el asunto siempre me habían contado una falsa verdad. Quería saber más, por lo que pregunté: "Maestro, la revelación que acaba de hacerme es inquietante, ¿qué tengo qué hacer para materializar mis deseos?"

*"La solución es muy sencilla. Acepta la idea de ser toda la realidad. Todo te pertenece ya. Nada tienes que crear. Este es el gran secreto que ninguno de los libros de tu mundo nunca te ha enseñado. Siempre te han dicho que la visualización es el instrumento que hay que usar para "atraer" hacia ti los eventos deseados. Nada más equivocado. La visualización es útil, pero su fin es totalmente diferente del que siempre has creído.*

*Escucha con atención. No otorgues otra finalidad a la visualización que la de ser feliz en el aquí y ahora. Cualquier otro uso de la visualización es sólo una estúpida superstición. Ahora, quizás, estás comprendiendo lo que significa alinearse con los propios deseos. Estando bien y sintiendo felicidad en el aquí y ahora, anclas tus deseos al presente, reconociendo ser un todo con ellos y con el Universo entero. Los deseos son ya tuyos, en ese momento preciso del presente, todo lo tienes hacer es ser feliz por ello."*

Usar la visualización para estar bien en el aquí y ahora. La sencillez de este concepto es tan desconcertante como desarmadora, pensé. La visualización hay que usarla, por lo tanto, como si fuera un "mensaje reparador" para la mente, con el fin de que a través de las emociones positivas que se derivan de ella, nos podamos alinear con los propios deseos. Ahora entiendo porque la "ansiedad" de obtener las cosas no hace más que generar el efecto opuesto. Nuestra creencia de tener que atraer hacia nosotros lo que deseamos es una explícita declaración de carencia y de separación que nos priva inexorablemente del poder de obtenerlos. El problema es que nadie nos ha entregado nunca el "manual de instrucciones" para usar mejor nuestro inmenso poder.

Tanto era el entusiasmo por lo que me estaba revelando el Maestro que exclamé: ¡Es maravilloso estar a su lado y recibir sus enseñanzas, Maestro! Deseo volver a vivir esta experiencia. ¿Podré volver en los próximos años para reunirme con usted otra vez?"

"*No depende de mí. Yo existo sólo en tu mente. Podrías elegir no volver a encontrarme o soñar el encuentro con otro maestro quizás aún más sabio que yo. Tu pregunta parte del presupuesto de que yo sea real y que, este monasterio y todo el mundo que ves tengan una consistencia real e independiente de ti. Ahora sabes que no es así. Estás en un sueño y eres libre de recordar quién eres a través de las enseñanzas de cualquier maestro. Cuando te despiertes, recordarás todas mis enseñanzas, pero entenderás que este sueño era sólo un truco que tu Verdadero Ser ha inventado para traer a tu mente de superficie cosas que en tu interior ya sabías. Estás en este sueño para recordar la verdad y yo desapareceré cuando mi deber haya terminado.*"

111

Me quedé asombrado de lo que el Maestro me estaba revelando. Estaba de acuerdo con la idea de que todo fuera un sueño, pero no entendía lo que quería decir con lo de que desaparecería en el momento en que su misión se acabara. "¿Qué quiere decir, Maestro? Si volviera aquí el próximo año, ¿no lo encontraría a usted? ¿Y tampoco encontraría este monasterio? Estoy verdaderamente confundido..."

*"Yo estoy aquí sólo porque tú me estás imaginando. Soy una proyección tuya. No tengo ningún pasado y no tendré más razón de existir en el momento en el que tú no me necesites. Tú crees que estás rodeado de personas que existen fuera de ti y que tienen una historia. Eso piensas de todas las personas que entran en tu vida, pero no es así. Estás en un sueño y todo lo que forma parte de él se materializa en caso de necesidad. Si no consigues creerlo, piensa en un sueño nocturno. ¿Alguna vez has creído que las personas que encuentras en ese sueño tienen verdaderamente un pasado y que continúan existiendo incluso por la mañana, después de que te despiertes? A esta pregunta, sin duda, responderías que no. Pues bien, esto es lo que sucede también en la vida que llamas "real".*

*Eres el origen de todo. Nunca lo olvides. En el preciso momento en el que has dicho "yo soy", un Universo entero ha venido a la luz para concretar tu afirmación y hacer que todo en lo que crees pueda materializarse, con el único fin de obtener experiencia de ello. Este es el verdadero origen del mundo que ves e incluso el único fin."*

Pensé, en efecto, si esto es un sueño, entonces deben valer las mismas reglas de los sueños que tengo durante la noche. La única diferencia, quizás, sea el hecho de que los nocturnos duran sólo unas pocas horas, mientras que éste tiene una duración más extensa. No obstante, había algo de esta analogía que no entendía. Por eso pregunté: "Maestro, ¿cómo puede ser sólo un sueño que yo he creado, si he nacido de dos progenitores que existían antes de que yo viniera al mundo?"

"Aún estás dando por descontado muchas cosas que, tras un atento análisis se revelarían totalmente infundadas. ¿Recuerdas el momento exacto en el que llegaste al mundo? ¿Podrías describir tus primeros años de vida?"

"Por supuesto que no - contesté, pero, sólo porque era demasiado pequeño para acordarme..."

El Maestro sonrió disimuladamente, haciéndome entender que no estaba captando lo importante de su discurso. Entonces, siguió diciendo: "Has caído en tu sueño tan en profundidad que no logras ver la realidad de las cosas. Simplemente estás soñando que eres una persona nacida en esta época, puesta en el mundo por tus progenitores. Tu sueño empezó cuando erróneamente te consideraste tú mismo como un ser separado de todo. En aquel preciso instante comenzó el ciclo de las llamadas "reencarnaciones". La reencarnación no es más que el enfocarse en una realidad ficticia, en la que, antes de entrar, el Observador ha imaginado y por tanto, creado todo lo que formaría parte de ella, progenitores incluidos. No es posible tener conciencia del momento en el que un sueño se inicia. Este es el motivo por lo que no puedes recordar tus primeros instantes de vida."

113

"Maestro, ¿esto significa que mis progenitores no existen? ¿Son tan sólo una imaginación mía? - Le pregunté preocupado. El Maestro sonrió y se encogió de hombros bajando la cabeza mientras negaba:

*"Esta duda surge porque aún te consideras ti mismo como una entidad separada de tus progenitores y del resto del mundo. Todos somos una cosa única, pertenecientes a una única Conciencia y cada uno de tus progenitores es una parte de esta Conciencia que se ha diferenciado para desempeñar un papel preciso en tu encarnación. Podrás comprender lo que te estoy diciendo sólo cuando aceptes la idea de no estar separado de lo que ves.*

*"¿Recuerdas? El observador y el objeto observado son la misma cosa. Son indivisibles. Mientras estás en el sueño y lo observas, todas tus creaciones, incluido tu cuerpo y las personas que ves alrededor de ti, parecen existir. Cuando te despiertas y dejas de observar el sueño, todo lo que formaba parte de él se desvanece. Lo que queda es sólo el conocimiento acumulado a través de las experiencias recibidas en el sueño. El conocimiento es la única cosa real de ese sueño y, como tal, tiene una existencia propia que va más allá del mismo sueño. Esta es la razón por la que el "aprender" solo con la mente de superficie no sirve para nada, puesto que todo desaparecerá junto al sueño. Tan sólo el conocimiento acumulado a través de la experiencia quedará grabado para siempre en tu ser."*

"Pero mis progenitores tienen memoria de los momentos anteriores a mi nacimiento - objeté - Ellos, a su vez, han vivido muchos años antes de que yo viniera al mundo. Recuerdo que mi padre, muy a menudo, me contaba que de joven ayudaba a mi abuelo, que era campesino, a cultivar los campos."

*"Sigues confundiendo el sueño de un hipotético tiempo pasado con la realidad vivida. Estás soñando que tienes un padre que te contaba sus experiencias de juventud. En otras palabras, me acabas de contar un episodio de tu sueño, pero no estando despierto, estás convencido de que lo que me cuentas ha sucedido verdaderamente. No des valor real al pasado, ni al tuyo ni al de los demás, porque no lo tiene. Cada recuerdo existe sólo en la mente de quien sueña recordarlo. ¿Podrías indicar dónde estaría un día cualquiera de tu pasado, si no está en tu mente? El pasado y el futuro, ya que son ilusiones, no tienen ninguna existencia real. Existe sólo el momento presente, el aquí y ahora que contiene en su interior todo el pasado y todo el futuro. De hecho, es su causa."*

"¿El momento presente es la causa del pasado? ¿De qué manera, Maestro? Estas revelaciones me han desorientado. Le ruego, vuelva a explicármelo."

*"Tú eres el presente y dado que eres el origen de todo, lo eres también de tu pasado - me contestó - Todos tus recuerdos, así como todo lo que forma parte de lo que crees que es tu pasado, existe sólo para justificar lo que eres en el aquí y ahora, que es el único momento que existe. Tu infancia, tu primer día de colegio, el primer beso y cualquier otro recuerdo grabado en tu mente son parte de un único evento que se está produciendo en un único momento, en el aquí y ahora. Son ondulaciones en la Conciencia Global que, como las ondas creadas por una piedra que se tira en un charco, se propagan en todas direcciones y existen simultáneamente en el*

115

*momento presente. Así como las ondas del charco dependen de la piedra arrojada, tu pasado y tu futuro dependen de tu presente, es decir, de lo que "eres" en este momento. Cambia tu ser y necesariamente, pasado y futuro cambiarán."*

A tal punto no pude evitar hacerle la pregunta que, creo, cualquiera se plantearía ante la idea de que la vida sea sólo un sueño: "Entonces, Maestro, si todo es una ilusión creada por nuestra mente, ¿qué sentido tiene vivir? Alguien podría pensar que la vida no tiene ningún sentido y que, por lo tanto, no tiene importancia". El Maestro me miró severamente, frunciendo el ceño, seguramente como señal de total desacuerdo con lo que acababa de decirle.

*"Varias veces te he hablado sobre la importancia de vivir esta experiencia terrenal. El fin es el de volver a nuestra naturaleza divina con un nivel de concienciación totalmente distinto de cuando empezamos este largo camino. Estamos aquí para descubrir lo que significa ser divinos, pero para hacerlo, necesariamente tenemos que pasar a través de una experiencia de no divinidad. Por ello, una vez sumergidos en este plano material, no recordamos quiénes somos verdaderamente. Todos somos parte de una misma Conciencia que, a través de nuestras innumerables experiencias, está perfeccionando la conciencia del propio verdadero ser.*

*Cada experiencia de vida, incluso la más pequeña e insignificante, es única y distinta de todas las demás. Esto te hace comprender lo valiosa que es tu vida, sin ella existiría un vacío de conocimiento que de otra manera sería insalvable. Eres una pieza insustituible de un puzle enorme. Debes amar la vida y protegerla, en* cualquier expresión que aparezca, porque es la sagrada manifestación de un objetivo divino. Quien conoce el verdadero significado de esta existencia, aunque sea ilusoria, debe apreciarla y amarla incondicionalmente. Es exactamente lo opuesto de lo que crees, ya que es precisamente la falta de conciencia la que impide a las personas amar y apreciar la vida. Si miras a tu alrededor, puedes ver con tus ojos los efectos deletéreos de la profunda abstracción en la que está sumergida la humanidad."

"Gracias, Maestro, sus palabras me confortan y me animan a continuar en este camino de búsqueda. Tengo sólo una última pregunta, ¿Qué me dice en relación a la muerte? ¿Cuándo mi cuerpo muere, también la ilusión termina y vuelve a un nivel de conciencia superior?

"Cuando hablas de muerte, normalmente te refieres a la muerte del cuerpo, pero entendida en ese sentido es sólo un concepto relativo, que tiene un significado totalmente diferente a lo que tú imaginas. No creas que la muerte proporciona iluminación ni tampoco que sea el final de todo. Puede morir el cuerpo, pero, tu ser, si no se ha despertado, se quedará en la ilusión del sueño y continuará creando un mundo ilusorio en el que pensará que tiene una existencia autónoma, separada de todo. Muchas personas, de hecho, mueren en cuerpo, pero no se dan cuenta y continúan creando su mundo, pensando que están aún en la realidad material. La verdadera muerte es la muerte de la mente dual, la que crea tu ego y tu personalidad y que te hace creer en la separación.

La muerte de la mente, sin embargo, no es una verdadera muerte, ya que en realidad es el despertar del ser, es la verdadera

117

*realización. Esa muerte representa el final definitivo de la ilusión y puede verificarse independientemente de la existencia de vida en el cuerpo. El cuerpo tiene como único objetivo el de facilitar la muerte de la mente y, por lo tanto, la realización del ser. Honra tu cuerpo, porque es el instrumento fundamental e indispensable para obtener el despertar. En el momento en que la mente dual muere, el tiempo y el espacio no tienen razón de existir. ¿Recuerdas? A diferencia de la realidad, la ilusión necesita que tú creas en ella para poder existir. Pues bien, en el momento del verdadero despertar, la mente dual colapsa y junto a ella el Universo material entero se desvanece en la nada, porque de nada está hecho. Es como la oscuridad que desaparece cuando se la ilumina. No tiene sentido preguntarse dónde ha ido a parar, porque nunca ha existido. Como verás, la muerte, como tú la imaginas, no existe realmente. Vive con alegría tu existencia, con la certeza de que tu Verdadero Ser es un ser eterno y como tal, nunca ha nacido ni nunca morirá."*

Seguidamente, llamando a un discípulo con un gesto de la mano para que lo ayudara a levantarse, dijo: *"Ahora, ve a reposar, por hoy has escuchado suficientes cosas para meditar. Recuerda, tu deber es el de difundir estos conocimientos para ayudar a la evolución de la humanidad entera. Acuérdate de atesorar estas enseñanzas y haz todo lo posible para cumplir con tu deber."*

Una vez de pie, se dirigió lentamente hacia las escaleras, sin darse la vuelta, apoyado en el brazo del discípulo.

Estaba totalmente atónito por las cosas increíbles que me había revelado el Maestro. No entendía el motivo de su última frase, la que me recordaba que hiciera todo lo posible para cumplir mi deber. Casi tuve la sensación de que me estuviera saludando por última vez, como si no nos fuéramos a ver más. Con esta duda me fui a mi habitación y me metí en la cama. Me dormí con las palabras del Maestro resonando en mi cabeza...

—————

...El sonido del despertador me hizo saltar de la cama y en un momento, mi conciencia fue arrancada del sueño profundo en el que estaba inmersa. Apagué el despertador y me senté en la cama. Pero... ¿dónde me encontraba? ¿Dónde estaba la pequeña habitación del monasterio? Me di cuenta de que estaba en casa, en mi dormitorio y mirando el reloj descubrí que eran las 6,30 de la mañana.

El billete de avión para Nueva York encima de la mesilla y la maleta lista, al pié de la cama, me hicieron entender que todo había sido sólo un sueño. El viaje al Tíbet, el monasterio, el Maestro... nada más que un magnífico sueño. No había perdido ningún avión y mi viaje a Nueva York me estaba esperando. Aquel sueño había sido tan real que me costaba esfuerzo aceptar que, sencillamente, había soñado todas aquellas cosas. Me volvieron a la mente las frases del Maestro cuando me advertía que no podemos entender que estamos en un sueño hasta que no nos despertamos y lo miramos desde otro nivel de conciencia. Tenía verdaderamente razón. Entonces, si había sido sólo un sueño, ¿quiere decir que las sabias enseñanzas del Maestro las había creado yo, en mi mente? *"Mi sabiduría es tu sabiduría..."* Me dieron escalofríos volviendo a pensar en aquellas palabras del Maestro. Su significado ahora era clarísimo. Ya sabemos todo, somos seres iluminados, pero no sabemos que lo somos y, entonces, nuestro Verdadero Ser, a veces, inventa trucos para ponernos en contacto con esa sabiduría nuestra, materializándola en un libro o en un Maestro, tal y como había sido en mi caso.

No tenía tiempo para detenerme a pensar en ese sueño, tenía que prepararme para ir al aeropuerto. Me levanté un poco aturdido y terminé los preparativos para el viaje. Al meter la pequeña grabadora en la maleta, reparé en que la memoria contenía varias horas de grabación. Extraño, pues estaba convencido de que la había puesto a cero la noche anterior. No me quedaba tiempo, sin embargo, para comprobarlo, así que la metí en la maleta prometiéndome que escucharía la grabación durante el viaje.

Terminados los preparativos, cogí todas mis cosas y salí de casa. Al cerrar la puerta imaginé al Maestro diciéndome con una mirada astuta *"¿Recuerdas? Te dije que todo era un sueño...".*

# Apéndice: las observaciones del Autor

Hola, soy Paolo Marrone, el autor del libro, y deseo agradeceros que hayáis decidido leerlo. Se trata de un libro algo particular y quizá, muchos de vosotros hayáis tenido la sensación de que se os escapa algo esencial que está escondido entre los pliegues de la historia que se narra. Por este motivo he decidido escribir este apéndice en el que profundizaré en los distintos significados del libro, yendo más allá de lo que el Maestro ha revelado explícitamente.

En una primera impresión, el libro puede resultar bastante complicado en algunas de sus partes, sobre todo a causa de las *"increíbles revelaciones"*, llamémoslas así, que el Maestro nos muestra con sus enseñanzas, muchas de las cuales difieren mucho de las creencias más comunes en el mundo occidental.

Pues bien, debo haceros una confesión: mi sensación es que el libro no lo he escrito yo.

He tardado dos larguísimos años en escribirlo, durante los cuales he padecido diversos momentos de crisis debidos, sobre todo, a la dificultad de *"reconectarme"* con mi fuente interior de inspiración. Hablo de conexión porque no creo que exista un término más apropiado para describir lo que sucedía cada vez que me ponía ante el ordenador para escribir. Podrá parecer extraño pero, en distintas ocasiones, releyendo las frases del Maestro, yo mismo me quedaba admirado de lo que había salido de mi teclado y me era difícil reconocer el origen de lo que estaba escribiendo.

Por lo tanto, considero que el libro es el resultado de una inspiración procedente de la conexión con la que yo llamo la "Conciencia Global", un depósito universal de conocimiento al que todos nosotros podemos recurrir, en cualquier momento, para extraer valiosas informaciones que, de otro modo, con la única ayuda de la mente racional, no conseguiríamos concebir.

En este apéndice no me detendré en las enseñanzas del Maestro porque cada uno extraerá de esas palabras una enseñanza distinta. Como en cualquier aprendizaje, de hecho, *el grado de comprensión* depende del *nivel de sensibilización alcanzado* en el propio camino del desarrollo personal.

En este apéndice deseo compartir con vosotros algunos aspectos de la historia que, a mi parecer, son de especial importancia y que pueden no ser evidentes en una primera lectura del libro.

Es posible que alguno de vosotros se haya dado cuenta al leer que la historia que se narra es la representación simbólica de un camino de desarrollo personal. Me atrevo a decir que se puede considerar un verdadero *"camino de iniciación"*, simbolizado por distintos particulares de los que ahora hablaremos.

Tal y como narra la historia, a todos nos llega la "llamada" para que iniciemos un camino de desarrollo personal, la mayor parte de las veces a través de eventos que, para quien no esté alerta, pueden parecer casuales. Un libro, un video visto en Internet, o un encuentro con una persona determinada, representan todas las posibles "causas" que nuestro Verdadero Ser inventa para que iniciemos un camino de descubrimiento de nuestra verdadera naturaleza. Bien, pues, ese despertador que suena, junto a la aparente casualidad del accidente ocurrido a la esposa del señor que encontré en el aeropuerto, representan los eventos casuales que pueden suceder a quien esté "listo" para la llamada.

Durante el camino de desarrollo hay momentos en los que nos encontramos solos, desalentados. De hecho, recordaréis que en el libro me encuentro solo conmigo mismo pensando en lo que me está sucediendo en dos precisos momentos: en el bar, tras el encuentro con el anciano señor y después, la primera noche en el monasterio, en la que me quedo solo en mi celda, reconsiderando con nostalgia lo lejos que estaba el mundo conocido que había dejado atrás.

Adentrarse en un camino de desarrollo personal quiere decir, literalmente, emprender un viaje hacia lejanísimas metas, fuera de lo que es nuestro mundo normal, representado por las cosas habituales que forman parte de nuestra vida.

La estancia en el Tibet representa, por lo tanto, ese "salto" hacia un mundo desconocido, donde es difícil comprender una nueva lengua (recordaréis que, antes de la llegada al monasterio, no conseguí intercambiar dos palabras con nadie en un idioma conocido).

Otro símbolo muy importante se exterioriza en el momento en el que tuve que separarme de mi reloj y mi teléfono móvil, así como que, a mi despertar, me obligaron a que me pusiera una túnica típica de los discípulos de ese monasterio. Iniciar un camino de desarrollo personal, de hecho, significa abandonar las propias costumbres mentales (representadas en el libro por los objetos tecnológicos), para entrar en los hábitos de una persona "nueva" (tener que vestir la túnica).

Algunos otros símbolos representan aspectos reales del propio ser. El primero es aquel maravilloso jardín en el cual el Maestro hace sus primeras inquietantes revelaciones. Tal jardín representa ese oasis de paz que ya existe dentro de cada uno de nosotros, al que sólo se puede entrar la primera vez si nos "conduce" la mano de un Maestro, dándonos cuenta, seguidamente, de que siempre hemos tenido acceso a ese lugar pero que no hemos sabido reconocer la puerta de entrada.

La gran biblioteca es otro símbolo importante. En el libro la percibo como un lugar lleno de "sabiduría" al que creo que es muy difícil acceder (la oscuridad percibida a la entrada). Esa biblioteca representa el inmenso conocimiento oculto dentro de cada uno de nosotros, del que no sospechamos su existencia. Ese conocimiento ya lo poseemos (recordaréis que el Maestro dice que esos libros los he escrito yo), pero que hemos perdido sus rastros (el Maestro dice que muchos de esos libros están escritos en lenguas ya olvidadas o extinguidas por la erosión del tiempo).

¿Recordáis como advertía continuamente esa felicidad y serenidad que caracterizaba a todas las personas que vivían en ese monasterio? Pues bien, esa felicidad existía ya dentro de mí, pero lamentablemente no sabía que existiera. La felicidad no reconocida, por lo tanto, se manifestaba en el exterior, proyectada en los personajes que encontraba en ese monasterio. El mensaje descubre que todo lo que notamos en los demás, nos pertenece y nuestro Verdadero Ser lo proyecta en el exterior para ponerlo ante nuestros ojos, para que podamos reconocerlo.

Otro importante símbolo en el que deseo detenerme está representado por el libro blanco que el Maestro me regala al final de la visita a la biblioteca del Monasterio. A través de ese libro, el Maestro me hace entender que nuestro camino de desarrollo personal no está formado por la acumulación de nuevos conocimientos, si no por la eliminación de las falsas creencias en las que hemos creido desde siempre. Que nos agrade o no, dichas creencias nos mantienen constantemente encerrados en el interior de una jaula mental ¿De qué está hecha esta jaula? ¿Cómo la construimos? ¿Cómo podemos salir de ella?

¿Y si os dijera que hay muchas jaulas, quizás infinitas, una dentro de la otra?

*"Te hallas en el interior de un círculo vicioso en el que estás constantemente sumergido. Crees que estás separado del Todo y en consecuencia, continuamente creas, de la nada, un mundo dual, aparentemente separado de ti, a imagen y semejanza de tu creencia errónea. Al mismo tiempo observas tu creación, olvidando que eres su creador, cayendo en la ilusión de que lo que ves es la realidad. Tu observación refuerza tus creencias y genera la ilusión de que tienes razón al creer que lo que experimentas realmente existe. Y así sucesivamente, te enredas, cada vez más, en un círculo vicioso. Has caído tan profundamente en la espiral de tu ilusión que no consigues percibir ni siquiera el lejano reflejo de luz del que procedes".*

Estas son las palabras con las que el Maestro, en aquel Monasterio, me explica como caí en las espirales profundas de un círculo sin fin, cayendo tan bajo que me impide percibir el lugar de luz del que vengo.

126

¿Por qué he elegido estas palabras del Maestro? Si analizamos atentamente esa frase, el Maestro me revela, de manera extraordinariamente eficaz, nuestra condición de seres "durmientes", sumergidos en una espiral de ilusiones aparentemente sin fin donde las espirales son murallas mentales que nos rodean, verdaderas fronteras que delimitan nuestro mundo.

¿Qué entendemos por "fronteras" que delimitan el mundo?

Partamos desde un concepto bastante sencillo: para que algo se pueda percibir, necesariamente tiene que estar separado o ser separable del todo. En otras palabras, para que cualquier cosa exista tiene que estar *delimitada por precisas fronteras*, fuera de las cuales existe todo lo que "no es" lo que observamos. No podemos percibir un objeto blanco en un mundo blanco si no coloreamos las líneas de colores que lo delimiten.

Esto vale para un objeto, para nuestro cuerpo y, por consiguiente, para el mundo entero en el que vivimos. Cuando hablo de mundo, hablo de todo lo que puede existir para nosotros y, por ende, de todo lo que podemos percibir y de todo lo que podemos experimentar.

Sin embargo, el Universo no tiene fronteras, diréis vosotros. Potencialmente sí, pero en la práctica las cosas son algo diferentes de como las imaginamos (o de como nos las han narrado). Supongamos que, en base a los principios de la física cuántica, existe sólo lo que podamos experimentar, por el sencillo motivo de que somos nosotros quienes lo creamos, por la regla según la cual nada puede existir sin que exista un Observador y una Observación. Está claro, por lo tanto, que en cada instante *existe sólo lo que nuestra Conciencia puede percibir.*

Entonces, nuestro mundo es ese, sumergido en un infinito potencial cuántico, en el que todo es posible pero, en el que sucede sólo lo que somos capaces de concebir y percibir. Por lo tanto, las murallas existen y están compuestas por lo que creemos posible. En otras palabras, lo que creemos que es la Verdad.

Pues bien, estamos llegando al punto: esas murallas están construidas nada más que con nuestra concepción de lo que es posible y de lo que no es posible hacer en este mundo. *Esas murallas están hechas* de nuestras creencias, o mejor dicho, *de las verdades en las que creemos.*

Si tenemos el valor de llegar hasta el final en este razonamiento, podremos comprender finalmente lo que entendía el Maestro con esas *"...espirales de un círculo sin fin".*

¿Por qué sin fin? Después de todo, diréis vosotros, si hago un trabajo de desarrollo prolongado e intenso, al final conseguiré romper esos muros y saldré de esa jaula.

Precisamente aquí está el problema. No hay una escapatoria o por lo menos no la hay en la dirección en la que estamos buscando. Seguidme atentamente: si esa jaula mental está compuesta por nuestras creencias, únicamente por las verdades que creemos verdaderas, entonces no hay manera de salir de ella a través de la adquisición de nuevas creencias. Cualquier nueva verdad que creamos haber descubierto, no será más que una enésima muralla que construiremos para delimitar el mundo en el que creemos. Estas son las espirales de las que habla el Maestro y estas son las "jaulas concéntricas" de las que estoy hablando.

La rotura de la jaula mental no se puede verificar a través del descubrimiento de nuevas verdades. Estas verdades no harán más que levantar nuevas murallas a nuestro alrededor y sólo servirán para delimitar un nuevo mundo en el que creer.

Lo explico de otra manera:

En el momento en que aceptamos nuevas creencias como verdaderas, ya que somos seres divinos, las concebimos como reales en nuestra vida. En ese momento, las observamos y decimos ¿Ves? He aquí la verdad, no sabiendo que la experimentamos sólo porque las hemos creado creyéndolas verdaderas...

"Y así sucesivamente, siempre más abajo, en un círculo sin fin..." usando las palabras del Maestro.

Entonces ¿cómo salir de ellas? El camino no es *hacia el exterior*, si no hacia la adquisición de nuevos conocimientos. Tras cualquier muralla que derribemos encontraremos siempre otra muralla que nosotros mismos construiremos a través de nuestras nuevas creencias.

En ese caso ¿qué se hace?

¿Y si te dijera que el único camino es volver a poner en discusión todo lo que crees saber? ¿Tienes el valor de hacerlo? Verdaderamente se necesita valor, pero es el único camino para derribar las murallas que nos tienen prisioneros. Tenemos que *desmantelar las falsas creencias* que tienen bloqueada nuestra verdadera naturaleza, para descubrir quiénes somos verdaderamente. Este es el verdadero y más importante mensaje del Maestro.

La única escapatoria es *hacia el interior*, siguiendo el camimo que nos llevará a buscar la verdad en el único lugar en el que puede estar, dentro de nosotros. Tal y como me dijo el Maestro, la única salida es comprender que nosotros *somos la Verdad*. No hay que alcanzar ninguna verdad allí fuera. Hay que concienciarse de que somos seres inmensos, que somos los únicos y solos creadores del mundo entero que percibimos, murallas incluidas.

Estamos convencidos de que para poder emprender nuestro camino de desarrollo personal es necesario aprender algo nuevo. Sin embargo, cuando el Maestro me regaló un libro con las páginas en blanco me demostró que esto no es así.

Siendo así ¿para qué sirve leer e informarse?

Cualquier persona que haya emprendido un camino de desarrollo personal, seguramente habrá sentido la necesidad de informarse, de leer, de estudiar para saber siempre más. La sensación que se obtiene es que la Verdad, esa verdad con la V mayúscula, se halla escrita en cualquier parte fuera de nosotros y que nuestro deber es asimilar la mayor información posible para poder colmar ese vacío de conocimientos.

El Maestro me explica de diferentes maneras que esto no es cierto en absoluto, por lo menos no en los términos habituales con los que abordamos nuestra formación en estos temas.

El mensaje principal a tener en cuenta siempre es que, a diferencia de lo que nos han hecho creer desde que nacimos, *somos seres divinos*, que estamos aquí para descubrir esta gran Verdad a través de la experiencia terrenal, pasando por un estado aparente de *no-divinidad*. Esto significa que nuestro Verdadero Ser, es decir, lo que somos verdaderamente ya conoce todo. Prácticamente, ya somos seres iluminados, porque ésta es nuestra más íntima naturaleza y esencia.

El problema es que no reconocemos que lo somos. Más exactamente, *no recordamos* que lo somos.

Quisiera detenerme por un momento sobre la etimología de la palabra *recordar*. Recordar viene del latín *re-* (de nuevo, anterior) y *cor, cordis* (corazón), es decir, *devolver al corazón*.

131

¿Por qué es importante conocer la etimología de esta palabra? ¿Qué tiene que ver con el corazón? Fundamentalmente, el planteamiento que siempre debemos tener ante cualquier información, el de *no tomar nada nunca por verdadero*.

Así su significado original nos remite a no tomar siempre todo por verdadero sin antes tener en cuenta nuestras sensaciones, lo que nuestro "corazón" siente como verdad.

Como os acabo de decir, porque el conocimiento está ya en nuestro interior, cuando leemos o escuchamos algo, tenemos que tomar por verdaderas sólo las cosas que "sentimos" que son verdaderas. Aunque pueda parecer extraño, este es el camino que hay que recorrer hacia el descubrimiento de nuestra iluminación. Nuestro ser "vibra" en sintonía sólo con lo que siente que es verdadero, por lo tanto, nos debemos dejar guiar por nuestras sensaciones.

Por poneros un ejemplo, la primera vez que leí un libro sobre la ley de atracción me emocioné tanto por lo que estaba descubriendo que, literalmente, me vinieron las lágrimas a los ojos. Tuve una sensación clara, casi la certeza, de saber, desde siempre, aquellas cosas, y me asombré incluso por no haber tomado nunca en consideración lo que en aquel momento me parecía tan *obvio*.

Por lo anteriormente expuesto, alguno de vosotros podría preguntarse por qué es tan importante leer libros o participar en seminarios, si ya tenemos todo el conocimiento dentro de nosotros.

Precisamente es importante porque necesitamos que alguien o algo *nos ayude a "recordar"*.

En mi ejemplo anterior era obvio, como más tarde comprendí, que tales informaciones yo las conocía desde siempre, pero sin ese libro habría sido dificil, si no imposible, sacarlas a la luz de mi conciencia.

Desconfia de todo "guru" que quiera hacerte creer que eres un ser incompleto y que te falta siempre algo para alcanzar la perfección. Eres un ser perfecto, porque eres Divino. Lo único que necesitas es que alguien que te ayude a recordarlo.

Toda la Verdad está encerrada en nuestro interior, bajo la multitud de prejuicios y creencias que hemos asimilado desde nuestro nacimiento, a través de lo que nos han enseñado en el colegio, en la familia, en la iglesia, etc.

Nada tienes que aprender, porque tu Verdadera Esencia, y con ella todo el conocimiento sobre la Realidad, está enterrada bajo una enorme losa de falsos prejuicios, tabús, vetos e inhibiciones que te hacen ver una realidad que de hecho no existe.

*La mala noticia* es que esas falsas verdades condicionan cada día de nuestra vida, obligándonos a estar en el interior de una prisión hecha de barreras imaginarias.

*La buena noticia* es que las llaves de esa prisión están en tus manos.

Por tanto, más que aprender cosas nuevas, *tenemos que derribar* esta enorme acumulación de falsos conocimientos que impiden salir a la luz de la conciencia a nuestra verdadera esencia. Dejemos aparte la racionalidad, basada precisamente sobre esa acumulación de falsos conocimientos, porque no puede sernos de ninguna ayuda.

*Usemos, sin embargo, el corazón,* es decir, nuestras sensaciones, para comprender si algo resuena como verdadero en nuestro interior.

Afrontemos siempre nuestro desarrollo personal y espiritual con la mente abierta y con la máxima curiosidad, sin prejuicios ni preconceptos, como lo haría un niño.

Eso entendía Jesús cuando dijo:

*"Dejad que los niños se acerquen a mí, porque de ellos es el reino de los cielos"*

(Mateo-19,14)

Armémonos, por lo tanto, de pico y pala y comencemos inmediatamente a golpear todas nuestras convicciones actuales. Pongamos todo en discusión para, finalmente, poder sacar a la luz nuestro Verdadero Ser que, desde hace innumerables vidas, no ha hecho más que gritar implorando ser escuchado para devolver a nuestra Consciencia su luz divina.

Deseo cerrar este apéndice del libro con otro importantísimo concepto sobre el que el Maestro, a menudo, hace hincapié. Se trata del hecho de que somos los únicos y solos responsables de todo lo que nos sucede. Estamos en el interior de una ilusión, nada más que un sueño a ojos abiertos. Y siendo así ¿quién puede ser responsable de todo lo que sucede en un sueño, sino el mismo soñador?

Todo lo que existe, lo has creado tú, querido lector, incluido todo lo que que encuentres a lo largo de tu camino de desarrollo personal, incluso este libro, naturalmente.

Probablemente, recordarás que el Maestro, en aquella biblioteca, mientras me indicaba todos los volúmenes que me rodeaban, me dijo que todos los libros los había escrito yo. Pues bien, aunque pueda parecer absurdo, con aquella frase quería decirme precisamente que somos los únicos artífices de todo lo que experimentamos en nuestra realidad, y que todo, pero todo, se nos ha puesto expresamente ahí para facilitar nuestro camino de desarrollo personal.

135

No sé si a vosotros os sucede, pero a mí, los libros, los artículos o los seminarios con los que entro en contacto me resultan siempre perfectos para ese momento. He observado que es como si existiera un director oculto que determinara en cada momento los textos que son adaptos para mi nivel de desarrollo personal y organiza los eventos de manera que yo entre en contacto con ellos, de una manera u otra.

En realidad esto sucede para cualquier evento de nuestra vida, ya que todo llega siempre en el momento justo, incluidos los libros o los artículos que entran en nuestra esfera de consciencia.

Antes hablé de un "director oculto" pero, en realidad, quien organiza todos los eventos de nuestra vida es nuestro Verdadero Ser, es decir, nosotros mismos, o mejor dicho, la parte divina de nosotros que vive fuera del espacio y del tiempo y que conoce perfectamente el motivo por el que estamos aquí.

Exactamente como sucede en un sueño, el espacio y el tiempo son sólo construcciones ficticias creadas por nuestra mente. Todos los acontecimientos, tanto pasados como futuros, existen simultáneamente en el aquí y ahora y en base a nuestros pensamientos, creencias o expectativas vivimos los eventos correspondientes, que no son más que la materialización de nuestra vibración primaria.

La consecuencia del hecho de que el tiempo no existe, es que todos los libros o artículos que leamos, así como todos los seminarios o clases a los que asistamos, ya existen en alguna parte en el espacio-tiempo. Siempre han existido.

Sin embargo, también sabemos que no hay nada ni nadie allí fuera, que ese espacio-tiempo sólo existe en nuestra mente y que, por lo tanto, nosotros somos los que creamos cualquier evento, libro o seminario que encontramos durante nuestro camino de vida. Los hemos puesto ahí, a lo largo de nuestro camino, antes de llegar al mundo, para que un día podamos beneficiarnos de los mismos.

Pues bien, somos los creadores de todo lo que sirve a nuestro desarrollo personal, creando tanto el "programa educativo", el camino de desarrollo personal, como el "material didáctico", los libros, artículos y seminarios con los que entramos en contacto.

¿Parece absurdo? No, tiene sentido si reconocemos que somos los únicos artífices de nuestra realidad, de otro modo tendríamos que conjeturar la existencia de algo o de alguien fuera de nosotros. Sin embargo, eso violaría el principio según el cual somos los únicos artífices del mundo que experimentamos y, sobre todo, violaría el principio según el cual somos Uno y sólo Uno con el entero Universo.

Quizás ahora haya quedado claro porqué afirmo que este libro lo has escrito tú, que tú lo has puesto en tu camino de desarrollo personal para que lo pudieras leer en el momento justo.

Podríamos terminar aquí, pero si te apetece seguirme aún un poco más, deseo hablarte de un concepto todavía más importante, que deriva de lo que acabamos de hablar.

Decir que el tiempo y el espacio no existen y que, por tanto, son sólo ilusiones de nuestra mente no dice gran cosa, ya que probablemente nadie de nosotros tiene absolutamente claro lo que esto significa verdaderamente.

En efecto, tenemos experiencia directa tanto del tiempo como del espacio. Si queremos ir a algún sitio que esté lejos, de hecho, tendremos que recorrer necesariamente un espacio y emplearemos obviamente tiempo para hacerlo.

Entonces ¿dónde está la ilusión?

Partamos de esta conclusión: el tiempo y el espacio existen sólo como consecuencia de que no tenemos conciencia de que somos seres divino y de que no sentimos que somos Uno con el entero Universo.

Pues bien, comencemos por el espacio. Como seguramente sabréis, creamos constantemente la realidad según nuestras más íntimas creencias. Por lo tanto, mientras consideremos que estamos separados los unos de los otros, crearemos necesariamente un mundo en el cual las cosas están separadas por un espacio.

La física, a través del principio del entanglement cuántico, ha demostrado que dos partículas, incluso si están separadas y situadas a enorme distancia entre ellas, se comportan siempre como si fueran una única partícula. Desde el punto de vista físico, por lo tanto, el espacio que aparentemente separa dichas partículas, no existe.

El espacio es sólo una creación nuestra para justificar la falsa convicción de que estamos separados del resto del Universo.

¿Y por lo que concierne al tiempo? Hemos dicho que nuestra verdadera naturaleza no es el cuerpo que habitamos, sino más bien, nuestro Verdadero Ser, que es el ser divino que vive al margen del espacio y del tiempo, y que conoce la verdadera Realidad, no estando influido por la ilusión del mundo aparente en el que vivimos.

Pues bien, el hecho de que no reconozcamos que ya conocemos la verdadera Realidad, nos obliga a crear una separación temporal entre nosotros y el hipotético momento de nuestra iluminación. De hecho, actualmente somos seres iluminados, lo hemos sido siempre, pero no lo reconocemos y por eso pensamos que es necesario "tiempo" para alcanzar tal iluminación.

El tiempo es sólo una creación nuestra para justificar la falsa creencia de que no somos seres iluminados que ya conocen la verdadera Realidad.

Por este motivo, tú ya has escrito todos los libros que encuentres a lo largo del camino, incluido éste y lo estás leyendo poco a poco durante tu "largo" camino de búsqueda, con el único fin de recordar todas esas cosas.

Made in the USA
Las Vegas, NV
10 June 2021

24561047R00085